Carl Hartmann

Handbuch für Dampfmaschinisten

Carl Hartmann

Handbuch für Dampfmaschinisten

ISBN/EAN: 9783954270712
Erscheinungsjahr: 2012
Erscheinungsort: Bremen, Deutschland

© maritimepress in Europäischer Hochschulverlag GmbH & Co. KG, Fahrenheitstr. 1, 28359 Bremen. Alle Rechte beim Verlag und bei den jeweiligen Lizenzgebern.

www.maritimepress.de | office@maritimepress.de

Bei diesem Titel handelt es sich um den Nachdruck eines historischen, lange vergriffenen Buches. Da elektronische Druckvorlagen für diese Titel nicht existieren, musste auf alte Vorlagen zurückgegriffen werden. Hieraus zwangsläufig resultierende Qualitätsverluste bitten wir zu entschuldigen.

Carl Hartmann

Handbuch für Dampfmaschinisten

Inhaltsverzeichnis

Seite

Einleitung 1

I. Teil
Die Schiffsdampfkessel 1

Von den Brennstoffen und der Verbrennung 2
Die Dampfbildung 7
Bau der Schiffskessel, Kesselbaustoffe und Bauarten 10

Die Haupträume des Kessels 20
   a) Der Feuerraum 20
   b) Der Wasserraum 24
   c) Der Dampfraum 24

Die Kesselausrüstung, fehlerhafte Zustände und ihre Beseitigung 24
   Die Mann- und Schlammlöcher 25
   Die Manometer 27
   Die Sicherheitsventile 30
   Die Speisewasserleitung und Speiseventile 33
   Die Wasserstandsvorrichtungen und die Probierhähne 34
   Die Absperrventile 39
   Die Abblasehähne 40
   Die Behandlung der Kessel im Fluß- und Seewasser . 41
   Das Salinometer 43
   Die Bekleidung und Lagerung der Schiffskessel 45

Der Betrieb der Schiffskessel 45
   Herrichtung der Kessel zum Gebrauch 45
   Füllen und Anheizen 46
   Speisewasserpflege 47
   Reinigen und Aufbänken der Feuer, Reinigen der Rohre 52
   Pflege von außer Betrieb gesetzten Kesseln 54
   Die Reinigung der Kessel 54
   Entfernung des Kesselsteins durch mechanische und chemische Mittel 56
   Reinigung des Kondensats durch Entölung und Entlüftung 60
   Die Revision der Kessel 61
   Ausbesserung durch Schweißung 64
   Kleine Reparaturen während der Fahrt 67
   Das Überkochen des Kessels, seine Ursachen und das Verhalten beim Überkochen 70
   Die Kesselexplosionen 71
   Dampfüberhitzung 76
   Inbetriebnahme und Reinigung der Überhitzer 78

Seite

II. Teil
Die Schiffsmaschinen

Allgemeines 81

A. Kolbendampfmaschinen

Einteilung der Kolbendampfmaschinen 81
Der Weg und die Arbeit des Dampfes 85
Die einzelnen Teile der Kolbendampfmaschinen, Zusammensetzung, Wirkung und Behandlung 86

  1. Der Dampfzylinder mit dem Kolben 86
     Der Dampfkolben 88
     Die Kolbenstange 90
     Die Ausrüstung des Zylinders und des Schieberkastens 91

  2. Die Steuerung 94
     Äußere Steuerung, Exzenter und Exzenterstange .. 94
     Innere Steuerung, der einfache Muschelschieber und der Pennsche Schieber 96
     Die Arbeit des einfachen Schiebers ohne Voreilung 99
     Die Expansionsschieber 105
     Die Umsteuerung von Klug 106
     Das Einstellen des Schiebers 108

  3. Die übertragenden Maschinenteile 109
     Die Pleuelstange 109
     Die Wellenleitung 110

  4. Der Kondensator 112
     Der Einspritzkondensator 114
     Die Luftpumpe 115
     Der Oberflächenkondensator 118
     Die Kühlwasserpumpe 120

Die Speisepumpen und Injektoren 122
Die Lenzpumpen 129

B. Dampfturbinen

Allgemeines über Dampfturbinen, ihre Wirkungsweise und Bauart 130

Der Schiffsantrieb 133
    Das Schaufelrad 134
    Die Schraube 134

Der Betrieb der Schiffsmaschinen, Behandlung während der Fahrt und des Liegens unter Dampf; vorkommende Betriebsstörungen und deren Abhilfe 135

Einleitung

Der Flußmaschinist muß die zur Sicherheit des Dampfkessel- und Maschinenbetriebs erforderlichen Vorkehrungen kennen, sie anzuwenden verstehen und die Dampfkessel und Maschinen möglichst wirtschaftlich bedienen können.

I. Teil

Die Schiffsdampfkessel

Als Dampfkessel im Sinne der „Allgemeinen polizeilichen Bestimmungen über die Anlegung von Dampfkesseln" gelten alle geschlossenen Gefäße, die den Zweck haben, Wasserdampf von höherer als der atmosphärischen Spannung zur Verwendung außerhalb des Dampfentwicklers zu erzeugen.

Als Schiffsdampfkessel gelten alle auf schwimmenden und im Wasser beweglichen Bauten aufgestellten, dauernd mit ihnen verbundenen Dampfkessel.

Die Kessel dienen zur Erzeugung von Dampf zum Betrieb der Hauptmaschinen der Schiffe und der auf diesen aufgestellten Pumpen, Winden, Lichtmaschinen, Trinkwasserdestillatoren usw., sowie zur Heizung der Schiffsräume.

Die auf den Schiffen aufgestellten Frischwassererzeuger (Evaporatoren) sind demnach, falls sie mit mehr als 0,5 atü arbeiten, ebenfalls Dampfkessel. Werden sie mit weniger als 0,5 atü betrieben, so sind sie „Niederdruckkessel". Für die Aufstellung von Frischwassererzeugern und Niederdruckkesseln gelten bezgl. Werkstoff, Ausrüstung u. dgl. Erleichterungen von den obigen „Allgemeinen polizeilichen Bestimmungen".

Überhitzer und Rauchgasvorwärmer unterliegen ebenfalls gesetzlichen Bestimmungen.

Von den Brennstoffen und der Verbrennung

Auf Schiffen werden hauptsächlich Steinkohlen, daneben auch Braunkohlen, Koks und Heizöle, z. B. die bei der Erdölverarbeitung anfallenden Rückstände, als Brennstoff benutzt.

Die Zusammensetzung der verschiedenen Sorten von Steinkohlen schwankt zwischen 70—93% Kohlenstoff, 4 bis 20% Sauerstoff, 4,5—6% Wasserstoff, 2—4% Wasser und 3—12% Asche.

Die Braunkohle enthält 50—65% Kohlenstoff, 20—28% Sauerstoff, 3—5% Wasserstoff, 12—15% Wasser und 8 bis 10% Asche.

Koks entsteht als Rückstand bei der trockenen Destillation der Steinkohle entweder bei der Leuchtgasfabrikation oder in den Kokereibetrieben.

Der Kohlenstoffgehalt des Koks schwankt je nach den Sorten zwischen 80—93%.

Die Heizöle enthalten durchschnittlich 88% Kohlenstoff und 12% Wasserstoff.

Zu den gasreichen Kohlen (Flammkohlen) gehören die oberschlesischen Kohlen, die Saarkohlen, die schottischen Kohlen und die westfälischen Gasflammkohlen, zu den kohlenstoffreichen die Anthrazite und Magerkohlen (westfälische Magerkohlen und Waleskohlen). Zwischen beiden stehen die westfälischen Fettkohlen.

Kohlenstoff und Wasserstoff sind die Bestandteile, welche Wärme liefern. Da nun der Gehalt der Kohlen an Wasserstoff ziemlich derselbe ist, so richtet sich ihre Heizkraft hauptsächlich nach dem Kohlenstoffgehalt. Je mehr Kohlenstoff die Kohle besitzt, desto größer ist auch ihre Heizkraft. Die Heizkraft des Brennstoffes wird nach Wärmeeinheiten oder Kalorien festgestellt. Die Bezeichnung ist W. E. oder cal. Eine **Wärmeeinheit** ist diejenige Menge Wärme, welche erforderlich ist, um 1 kg Wasser um 1^0 in der Temperatur zu erhöhen. Es sind z. B. zur Erwärmung von 1000 kg Wasser von 10^0 auf 100^0 — der Temperatur des Wassers unmittelbar vor der Dampfbildung — $90 \times 1000 = 90000$ W. E. nötig.

Der Heizwert der Brennstoffe ist sehr verschieden; er liegt für 1 kg bei Steinkohle zwischen 5600—7600 W. E., ersteres gilt für westfälisches Mittelprodukt, letzteres für westfälischen Anthrazit, bei Braunkohle zwischen 2500 W. E. für deutsche, und etwa 5000 W. E. für böhmische Rohbraunkohle, bei Koks, je ob Gas- oder Hüttenkoks, zwischen 5500—7900 W. E., und bei Ölrückständen etwa bei 10 000 W. E.

Von den besprochenen Brennstoffen kommen Stein- und Braunkohle auch als Briketts in den Handel.

Bei der Aufbereitung der Steinkohle vor ihrem Versand von der Zeche — das ist die Reinigung der Rohkohle von allen Beimengungen, wie Schiefer, Ton, Gestein usw. — bleiben Steinkohlenstaub und ganz kleine Feinkohle als Rückstände zurück. Diese werden mit etwa 5% Schwarzpech, Harz oder Asphalt als Bindemittel vermengt und unter einem Druck von etwa 500 Atm. in Formen gepreßt — brikettiert. Durch das Brikettieren halten die Stücke so fest zusammen, daß sie transportfähig sind. Der Heizwert des Steinkohlenbriketts beträgt etwa 7200 bis 7400 W. E.

Rohbraunkohle erleidet bei zweimaligem Umladen infolge ihrer lockeren Beschaffenheit über 50% Verlust, d. h. ein Eisenbahnwagen Rohbraunkohle, an der Kohlengrube mit 10 000 kg beladen, am Bestimmungsorte durch Rollwagen abgefahren und auf dem Lager oder Fabrikhof wieder abgeladen, enthält fast nur noch die Hälfte der Kohlenstücke; das Übrige hat sich durch den Transport, das Auf- und Abladen in ganz feine Stücke und zu Staub verwandelt. Um dies zu vermeiden, brikettiert man die Rohbraunkohle. Für Orte mit mehr als 50 km Entfernung vom Fundort wird der Rohbraunkohle zwecks wirtschaftlicher Verwendung durch Trocknen ein großer Teil ihrer Gesamtfeuchtigkeit (von 42—58% auf 11—17%) entzogen. Die getrocknete und zermahlene Rohbraunkohle wird unter einem Druck von weit mehr als 1000 Atm. in erwärmtem Zustande in Formen gepreßt, wobei das in der Rohbraunkohle enthaltene Paraffin die gemahlene Masse bindet. Braunkohlenbriketts lassen sich ohne große Verluste transportieren.

Der Heizwert der Braunkohlenbriketts ist, da sie nahezu 30% weniger Feuchtigkeit enthalten als Rohbraunkohle, auch dementsprechend höher, er beträgt für 1 kg etwa 4800 W. E.

Bei der Wahl des Brennstoffes ist nicht nur die Höhe des Heizwertes in W. E. maßgebend, sondern es muß auch der Gehalt an Feuchtigkeit und Asche berücksichtigt werden. Je mehr von diesen Teilen im Brennstoff enthalten ist, um so weniger eignet er sich für Dampfkessel, auch wenn der Heizwert gleich hoch ist; vor allem aber ist ein möglichst gleichförmiger Gehalt an flüchtigen Bestandteilen in der Kohle anzustreben, da dieser ausschlaggebend ist für die Art der Bedienung der Feuerung.

Soll der Brennstoff möglichst vorteilhaft im Dampfkessel verbrannt werden, so ist auf die Weite der Rostspalten besonders zu achten. Grober Brennstoff darf nur auf Rosten mit weiten Spalten, feiner nur auf solchen mit engen Spalten verfeuert werden. Geschieht dieses nicht, so wird im ersteren Falle der Brennstoff nicht in Weißglut, sondern in dunklerer Färbung auf dem Rost verbrennen und die Heizkraft des Brennstoffes nicht voll ausgenutzt werden. Durch zu weite Spalten fällt viel feiner Brennstoff in den Aschfall, der mit dem Herausziehen der Asche meist verloren geht. Der Aschfallverlust von Brennstoff soll 2% nicht übersteigen; ist er größer, so müssen sofort die Rosten gegen solche mit engeren Spalten ausgewechselt werden.

Die zur Dampfbildung nötige Wärme wird durch Verbrennung des zur Heizung des Kessels verwendeten Brennstoffes erzeugt.

Unter **Verbrennung** versteht man eine von Licht- und Wärmeentwicklung begleitete Verbindung des Brennstoffes mit dem Sauerstoff der atmosphärischen Luft. Bei jeder Verbrennung unterscheidet man zwei Stufen; in der ersten werden aus dem Brennstoffe Gase entwickelt, und in der zweiten werden die Gase verbrannt. Um die Verbrennung zu bewerkstelligen, muß dem Brennstoff Luft zugeführt werden; dies geschieht entweder durch die natürliche Zugkraft des Schornsteins oder durch ein Gebläse wird dem Feuer unterhalb der Roststäbe Luft zugeführt. Jeder Brennstoff erfordert ferner noch eine bestimmte Temperatur sowohl um sich zu entzünden, als auch um fortbrennen zu können. Die Temperatur, auf welche man die Steinkohlen vermittels Anzündens zu bringen hat, beträgt mindestens 500^0, während diejenige des Feuers in der Feuerung bei natürlichem Luftzuge und genügender Luftzufuhr 1300^0 beträgt. Die Verbrennung wird gestört, wenn dem Brennstoff zu wenig Luftsauerstoff zugeführt wird, die brennbaren Gase verbrennen dann unvollkommen, die Feuerung rußt und raucht.

Ein **vollkommener** Verbrennungsvorgang läßt sich in den Feuerungen der Schiffskessel sehr schwer erzielen, und so hinterlassen die Steinkohlen nach ihrer Verbrennung noch Rückstände, welche sich in zwei Klassen teilen lassen: in solche, die durch den mangelhaften Verbrennungsvorgang und in solche, die durch die Verunreinigung der Kohlen entstehen. Die Rückstände infolge mangelhafter Verbrennung sind Koks und Ruß.

Koks ist unverbrannte, entgaste Kohle, der bei ungenügendem Luftzutritt infolge der hohen Temperatur des Feuerraums entsteht.

Ruß ist unverbrannter Kohlenstoff, der sich bei nicht genügender Luftzufuhr oder zu tief gesunkener Temperatur des Verbrennungsraumes bildet. Er liefert den färbenden Bestandteil des Rauches. Unter **Rauch** versteht man die sichtbaren, mehr oder minder dunkel gefärbten Bestandteile einer unvollkommenen Verbrennung. Die Bildung von Rauch läßt sich durch Zuführung von Luft zu den Feuern in der nötigen Menge und an der richtigen Stelle (zum Teil bisweilen über dem Feuer), sowie durch richtige Bedienung der Feuer bedeutend einschränken. Es ist indessen unleugbar, daß der vollkommenen Verbrennung der Heizgase in einem Zylinderkessel große Schwierigkeiten entgegenstehen, weil das Ende des Rostes den Mündungen der Feuerrohre zu nahe liegt und der Raum, in welchem sich die Kohlengase mit der Luft mischen und zu ihrer Verbrennung ausbreiten können, zu sehr begrenzt ist. Selbst durch Anbringen guter Rauchverbrennungseinrichtungen ist eine rauchlose Feuerung kaum möglich

Führt man der Feuerung nun zu viel Luft zu, so werden die festen und flüchtigen brennbaren Bestandteile unter die Entzündungstemperatur abgekühlt; es entweichen hochwertige Gase unverbrannt oder deren Wärmeentwicklung wird nur zur Erwärmung unnötiger Luftmengen aufgebraucht. Hoher Luftüberschuß ist ebenso schädlich wie Luftmangel. Das richtige Gleichgewicht ist vorhanden, wenn ein helles, volles Feuer und ein gleichmäßiger Dampfdruck bei gut bedecktem Rost gehalten wird.

Die in den Steinkohlen enthaltenen Verunreinigungen bilden in der Hauptsache Asche und Schlacke.

Asche enthält die unverbrennbaren Stoffe der Kohlen, die bei hohem Flußmittelgehalt der Asche (Kalk, Eisenoxyd, Eisenoxydul, Gips, Alkalisalze) bei etwa 1000 bis 1200°, bei geringerem Flußmittelgehalt über 1200° schmelzen und eine klebrige, die Rosten zubackende **Schlacke** der Feuerungen bilden.

Von der Heizkraft der Kohlen geht nun stets ein großer Betrag verloren, so daß nur ein Teil derselben wirklich nutzbar gemacht wird:

1. durch nicht verbrannte feste Teile des Brennstoffes,
2. durch Wärmestrahlung nach außen hin,
3. durch die Wärmemenge, welche in den durch den Schornstein abziehenden Gasen noch erhalten ist.

Aus Vorstehendem läßt sich leicht begreifen, daß selbst in den bestgestalteten Schiffskesseln bei sorgfältiger Behandlung der Feuer der Wärmeverlust nahezu 30 v. H. der gesamten Verbrennungswärme beträgt und bei weniger guten Kesseln und ungeschickter Bedienung der Feuer diesen Wert noch übersteigt.

Aufgabe des Maschinisten muß es sein, so wirtschaftlich wie möglich zu arbeiten.

Die in Hamburg beheimateten Flußdampfschiffe besitzen meistens zweifache Expansionsmaschinen mit Auspuff. Da die Weite des Auspuffrohres einen großen Einfluß auf die Wirtschaftlichkeit der Anlage hat, so ist es Aufgabe des Maschinisten, das richtige Maß im Betrieb festzustellen. Ist das Rohr zu eng, so wird nicht allein der Gegendruck im Niederdruckzylinder größer, sondern es entweichen auch die Gase mit zu hoher Temperatur in den

Schornstein. Man kann öfters am Abend beobachten, daß noch viele brennende Koksteile aus dem Schornstein geschleudert werden. Die Auspufföffnung im Schornstein soll so groß wie irgend möglich gemacht werden. Vielfach wird mit dem Abdampf ein Verdampfer zur Herstellung reinen Destillats aus Frischwasser, in dem Salze oder andere Härtebildner enthalten sind, unter gleichzeitiger Erhöhung des Schornsteinzuges betrieben. Der Abdampf wird nach Austritt aus der Maschine in zwei Ströme unterteilt, und zwar werden etwa 40% in ein Dampfstrahlgebläse im Schornstein zur Zugverstärkung geleitet, während die übrigen 60% nach vorheriger Entölung einem Abdampf-Verdampfer zugeführt werden. Der in den Verdampfer geleitete Dampf wird nach Abgabe seiner Wärme an das Frischwasser als Kondensat wiedergewonnen. Auf diese Weise werden außer einer günstigen Zugerzeugung im Schornstein reines Destillat aus dem erforderlichen Frischwasser und ölfreies Kondensat aus dem Abdampf erhalten (s. auch S. 24).

Die Dampfbildung

Wird in einem offenen Kessel Wasser bis zu 100° erwärmt, so stellt sich das Kochen oder Sieden des Wassers ein; man sieht dabei Dampfblasen von den erwärmten Blechen aufsteigen und sich an der Oberfläche verteilen. Wird nun der Kessel geschlossen und dem siedenden Wasser noch weitere Wärme zugeführt, so entsteht Dampf. Je mehr Wärme dem Wasser zugeführt wird, um so höher steigt seine Temperatur und mit ihr auch die Spannung des Dampfes auf die ihn umgebenden Kesselwände. Ausgedrückt wird die Dampfspannung in Atmosphärenüberdruck. Unter Atmosphärenüberdruck wird ein Druck von einem Kilogramm auf den Quadratzentimeter verstanden (kg/cm²). Zeigt z. B. das Manometer des Kessels fünf Atmosphären Druck an, so übt der Dampf auf jeden Quadratzentimeter der Wandung des Kessels einen Druck von fünf Kilogramm aus.

Der Dampf, welcher mit dem Wasser, aus dem er erzeugt ist, in Berührung bleibt, heißt **gesättigter Wasserdampf**.

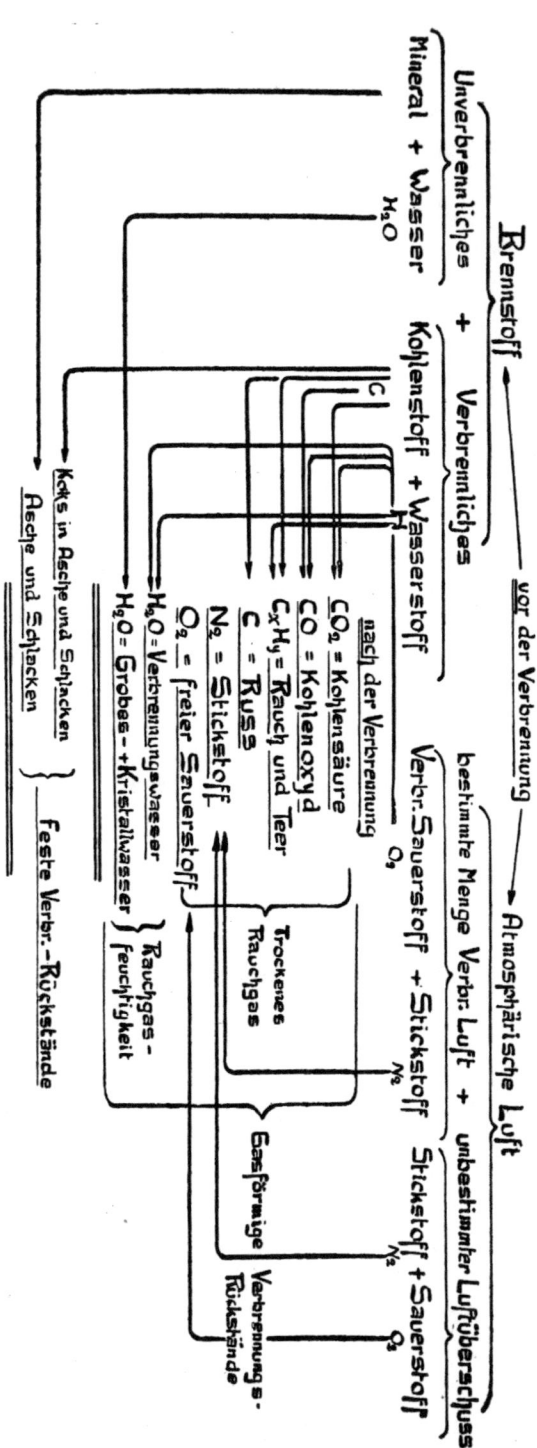

Tabelle für gesättigten Wasserdampf

Absoluter Druck ata	Überdruck atü	Siede- Temp.	Flüssig- keits- Wärme	Verdamp- fungs- Wärme	Gesamt- Wärme WE	Raum von 1 kg. Dampf	1 cbm Dampf wiegt
0,2	0,8 Vacuum	60,0	60 WE	565 WE	625,0	7,8 cbm	0,13 kg
0,4	0,6	75,5	75,7	553,8	629,5	4,0 „	0,25 „
0,6	0,4	85,5	85,8	546,7	632,5	2,75 „	0,36 „
0,8	0,2	93,0	93,5	541,5	635,0	2,10 „	0,48 „
1,0	0,0	99,0	99,0	540,0	639,0	1,73 „	0,58 „
2	1	120,0	120,0	527,0	647,0	903 l	1,1
3	2	133,0	133,4	518,2	651,6	618 l	1,6
4	3	143,0	143,7	511,3	655,0	472 l	2,1
5	4	151,0	152,3	505,0	657,3	382 l	2,6
6	5	158,0	159,3	500,0	659,3	322 l	3,1
7	6	164,0	165,7	495,3	661,0	278	3,6
8	7	170,0	171,4	491,0	662,4	245	4,1
9	8	174,5	176,5	487,0	663,5	220	4,5
10	9	179,0	181,4	483,0	664,4	199	5,0
11	10	183,0	185,7	479,5	665,2	181	5,5
13	12	191,0	193,6	473,0	666,6	155	6,5
15	14	197,5	200,7	466,7	667,4	135	7,4
17	16	203,5	207,1	461,0	668,1	119	8,4
20	19	211,5	215,8	453,0	668,8	102	9,8
24	23	221,0	226,0	443,0	669,0	85	11,8
26	25	225,0	230,5	438,5	669,0	78	12,7
30	29	233,0	239,1	429,5	668,6	68	14,7
40	39	249,0	257,4	409,2	666,6	51	19,7
60	59	274,0	286,0	373,5	659,5	33	30,4
100	99	309,5	328,7	311,8	640,5	18,0	55,1
140	139	335,0	365,3	253,3	618,6	11,6	85,9
200	199	364,0	425,6	147,2	572,8	6,1	162,9
225	224	374,0	501,1	0,0	501,1	3,1	322,6

Trennt man jedoch diesen Dampf von dem Wasser, aus dem er erzeugt ist, und führt man demselben noch weitere Wärme zu, so entsteht **überhitzter** Dampf.

Wasserdampf hat die Eigenschaft, daß er in hohem Grade elastisch ist. Hierauf gründet sich seine Erzeugung und Ansammlung zum Gebrauche in der Maschine.

Der Bau der Schiffskessel

Die Wandungen der Schiffsdampfkessel werden aus Flußstahl mit einer Festigkeit von 35 bis 56 kg/mm² hergestellt; ihre Stärke richtet sich nach dem Drucke, mit welchem die Kessel arbeiten sollen

Die Kesselbleche werden unter sich durch Niete in der Weise verbunden, daß sie entweder übereinandergelegt oder gelascht werden. Im letzteren Falle läßt man die Bleche stumpf gegeneinanderstoßen und legt über den Stoß breite Laschen, an denen dann die Bleche festgenietet werden. Die Nähte und Niete werden zum Zwecke der Dichtung verstemmt. Beim Verstemmen muß besonders darauf geachtet werden, daß man die Platten nicht verletzt, da durch solche Verletzungen leicht Undichtheiten eintreten und unter Umständen eine Explosion des Kessels eingeleitet wird. (Abb. 1.)

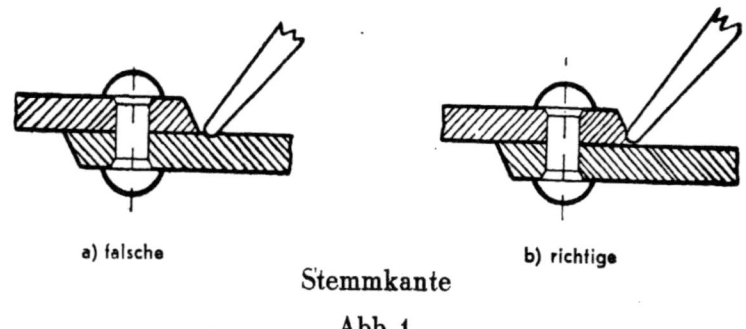

a) falsche   b) richtige
Stemmkante
Abb. 1

Neuerdings werden namentlich für Hochdruckdampfanlagen geschweißte, nahtlos geschmiedete oder -gewalzte Kesseltrommeln, z. T. aus Sonderstahl hergestellt, verwendet.

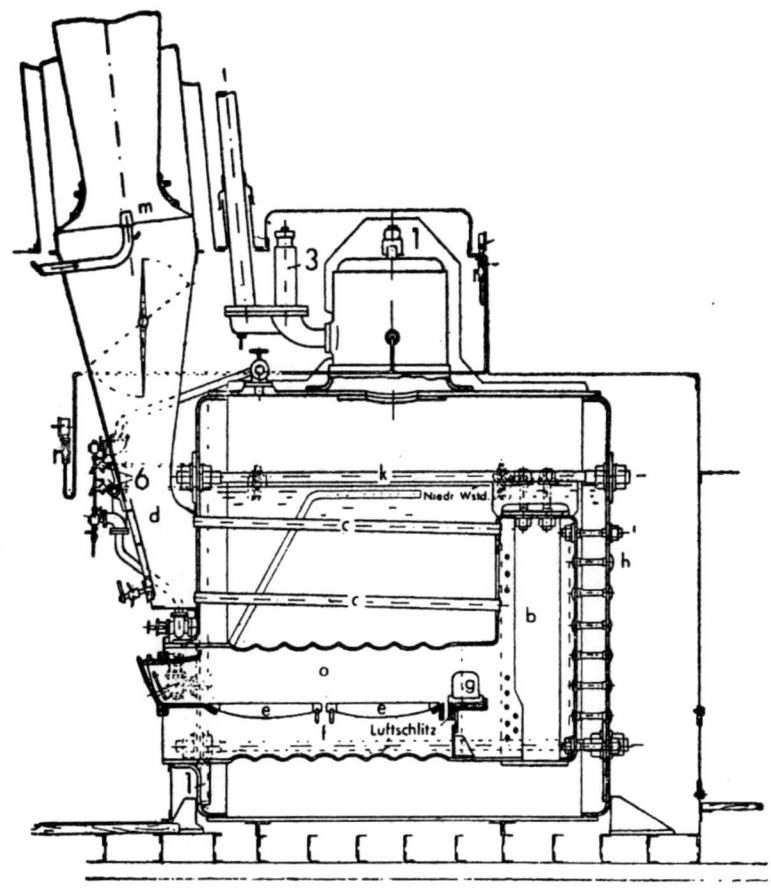

Es bedeuten:

a = Flammrohr
b = hintere Rauchkammer
c = Feuerrohre
d = vordere Rauchkammer
e = Rostenlage
f = Rostbalken
g = Feuerbrücke
h = Stehbolzen vernietet
i = Stehbolzen mit Mutter
k = Anker
m = Dampfstrahlgebläse
     zur Zugverstärkung

Abb. 2

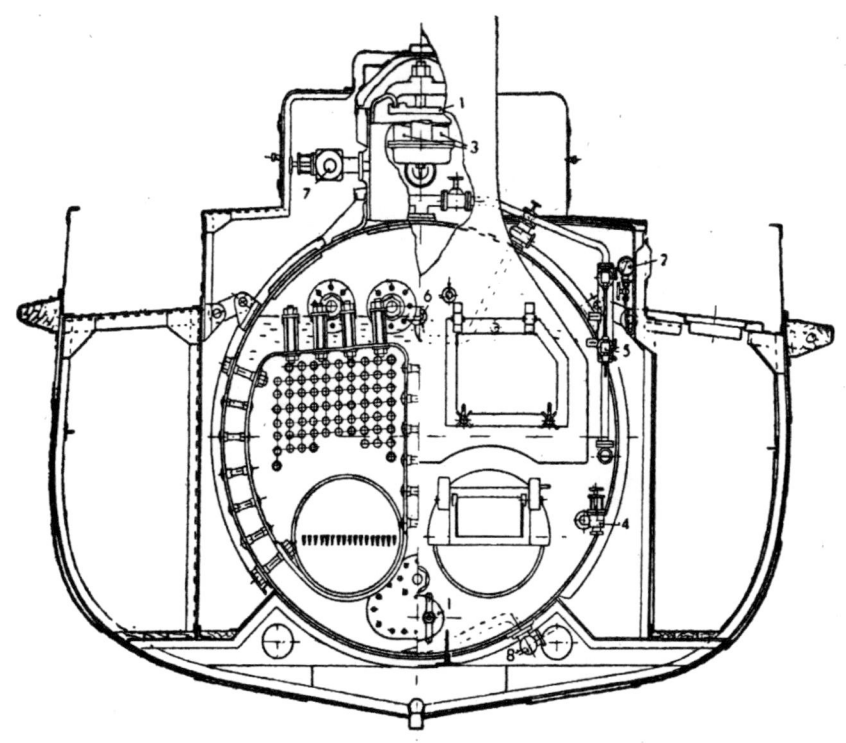

Zylinder-Kessel

1 = Mann- und Schlammlöcher
2 = Manometer
3 = Sicherheitsventil
4 = Speiseventil
5 = Wasserstände
6 = Probierhähne
7 = Absperrventil
8 = Abblasehahn

Abb. 3

Die Schiffskessel sind meistens zylindrische Feuerbuchskessel mit rückkehrenden, seltener mit durchgehenden Feuerrohren. Die ersteren (Abb. 2 und 3) finden vorherrschend auf See- und Flußdampfschiffen, die letzteren noch auf Barkassen Anwendung. In den letzten Jahren wurden außerdem **Hochdruckkesselanlagen** bis 135 kg/cm² Betriebsdruck gebaut. Diese Anlagen bestehen aus:

1. **Wasserrohrkesseln mit natürlichem Wasserumlauf** (z. B. Wagner-Kessel),
2. **Sonderbauarten der Wasserrohrkessel**
    a) mit natürlichem Wasserumlauf (z. B. Schmidt-Hartmann-Kessel),
    b) mit Zwangdurchlauf (z. B. Benson-, Sulzer-Einrohrkessel u. dergl. m.),
    c) mit Zwangumlauf (z. B. La Mont-Kessel).

Der **Wagner-Kessel** (Abb. 4) besteht aus einer Ober- und einer oder zwei Untertrommeln OT und UT, die durch Rohrbündel miteinander in Verbindung stehen. Zwischen den Rohrbündeln sind die Überhitzerschlangen Ü angeordnet. Der Feuerraum befindet sich an einer Seite, so daß die Heizgase durch die Rohrbündel hindurchtreten, um auf der Rückseite nach Durchströmen des Luftvorwärmers V in den Schornstein zu entweichen. Bei andern Bauarten sind mehrere Obertrommeln (Dampfsammler) bzw. mehrere Untertrommeln vorhanden.

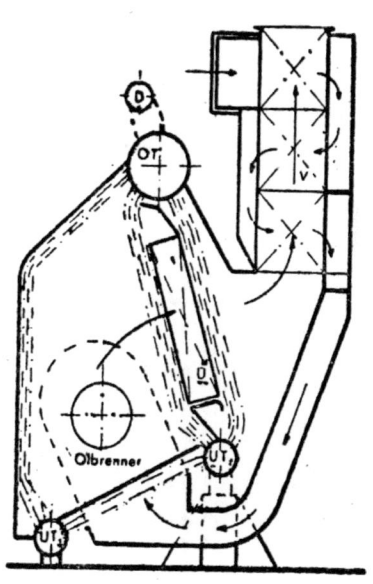

Wagner-Kessel

Abb. 4

In dem **Schmidtschen Hochdruckkessel** (Abb. 5) wird der als Heizmittel dienende Sattdampf in den feuerbestrahlten Schlangenrohren R (Erstteil) aus destilliertem

Wasser erzeugt, Der Heizdampf gibt in den Rohrgruppen der Betriebsdampftrommel T seine Verdampfungswärme an das Kesselwasser ab und fließt als Kondensat durch die kalt liegenden Fallrohre in den unteren Sammler S zurück, um von neuem seinen Kreislauf zu beginnen. Das Speisewasser tritt unten in den Vorwärmer V ein, in dem es durch die Abgase erwärmt wird, und strömt dann in die Betriebstrommel T, wo seine Verdampfung erfolgt (Zweitteil). Der in der Betriebstrommel T erzeugte Sattdampf wird in den feuergasbeheizten Rohren Ü überhitzt und gelangt in die Maschine.

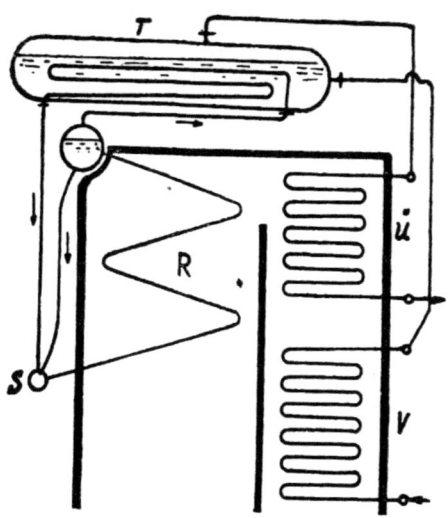

Schmidt-Kessel

Abb. 5

Beim **Bensonkessel** als reinem Röhrenkessel (Abb. 6) fallen Hochdrucktrommel und Rücklaufrohre fort. Die Dampferzeugung erfolgt im sogenannten kritischen Zustand bei 225 atü, bei dem die Wärmemenge, welche zur Erzeugung des Dampfes nötig ist, am geringsten wird. Im Schiffsbetrieb wird mit Drücken unterhalb des kritischen Druckes gearbeitet, weil der Dampf

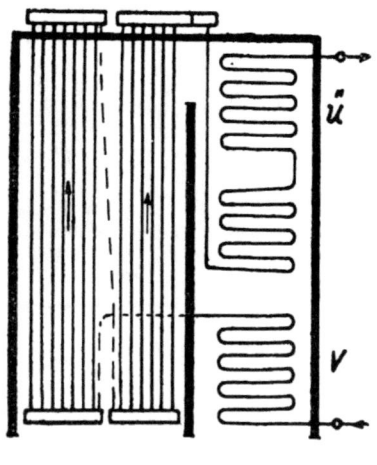

Benson-Kessel

Abb. 6

unter so hohem Druck von 225 atü in den Maschinen nicht verarbeitet werden kann, bei geringerem Dampfdruck die Speisung einfacher durchzuführen ist und sich die Pumpenarbeit verringert. Das Speisewasser (Kondensat) fließt zunächst durch den Vorwärmer V und den Strahlungsteil. Die Dampfbildung erfolgt in dem zur Schonung der Rohre nur schwach beheizten Übergangsteil, von wo der Dampf zum Überhitzer Ü in einer heißeren Zone des Rauchgasstromes und dann zur Maschine geht.

Nach einem ähnlichen Prinzip ist der **Sulzerkessel** gebaut (Abb. 7).

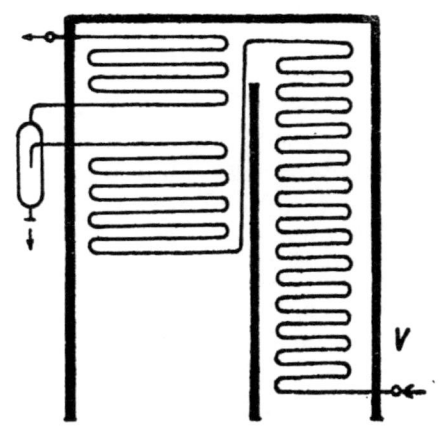

Sulzer-Kessel

Abb. 7

Beim **La Mont-Kessel** (Abb. 8) wird durch eine Umwälzpumpe U das Wasser aus der Kesseltrommel zwangsläufig auf die Verteilerkästen K verteilt, die es durch Düsen in die angeschlossenen Siederohre S leiten. Das Dampfwassergemisch strömt in die Kesseltrommel T, von wo es im Kreislauf weiter umgewälzt wird bzw. als Dampf zum

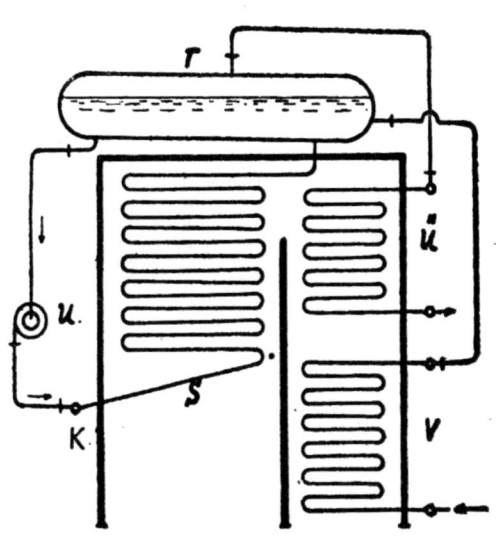

La Mont-Kessel

Abb. 8

Überhitzer nach der Maschine geht. Das Verfahren ist auch zur Leistungssteigerung alter Kesselanlagen geeignet.

Die zylindrischen Feuerbuchsenkessel oder **Zylinderkessel** (Abb. 2 und 3) werden je nach der Größe mit einem bis vier Flammrohren ausgeführt. Sie werden für Dampfdrücke bis 16 atü gebaut und finden wegen ihres verhältnismäßig großen Wasser- und Dampfraumes nach wie vor gegenüber den vorerwähnten Kesselsystemen die meiste Verwendung auf Fluß und Seeschiffen*). Bevor auf die Hauptteile dieser Kessel eingegangen wird, sollen erst einige Ausführungen über ihre Verankerungen gemacht werden.

Bei den Zylinderkesseln bedürfen die ebenen Wände der Verankerung, um dem Dampfdruck gegenüber genügend Widerstand leisten zu können. Diese besteht aus Ankern oder aus Stehbolzen, durch die die gegenüberliegenden Wände verbunden werden.

Im oberen Teile der mit höherer Spannung arbeitenden Kessel wendet man meistens Anker, welche durch die zu verankernden Wände hindurchgeführt und mit zwei Muttern festgesetzt werden, an (Abb. 2 k). Die Verankerung des unteren Teiles der Kesselrückwand mit der Rauchkammerrückwand wird durch Stehbolzen, die der Stirnwand mit der hinteren Rohrwand durch die Rohre und Ankerrohre hergestellt.

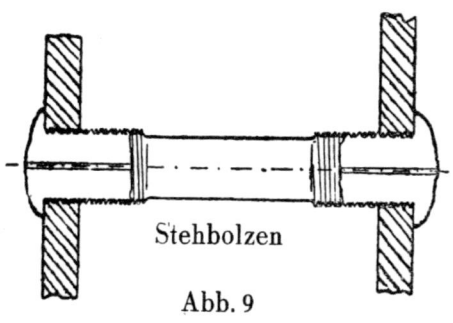

Stehbolzen
Abb. 9

Die Stehbolzen (Abbildung 2 h und i) werden in die mit Gewinde versehenen Löcher der zu verankernden Kesselwände eingeschraubt. Die überstehenden Enden werden vernietet (Abb. 3) oder mit Muttern versehen (Abb. 2). Die Stehbolzen reißen zuweilen meist dicht an der äußeren Wand ab. Um ihren Bruch leichter bemerken zu können, bohrt man die Stehbolzen vor dem Einziehen auf ihre

---

*) Bei dem neuerdings mehrfach gebauten „**Capus-Kessel**" wird die Feuerbuchse durch ein System von Wasserrohren ersetzt

ganze Länge oder von beiden Enden mindestens 10 mm über die wasserberührte Fläche der unterstützten Platte etwa 3—5 mm aus (Abb. 9). Ist der Schiffsraum hinter dem Kessel sehr beengt oder kann der bei Stehbolzenbruch austretende Dampf die Heizer oder die Fahrgäste gefährden, so kann das Anbohren der Stehbolzen von der Feuerseite aus bis Mitte Blechdicke der gegenüberliegenden Platte erfolgen. Der Schaft der Stehbolzen soll glatt sein, das Gewinde darf sich nur auf den verstärkten Enden befinden. Der Übergang zwischen den verstärkten Enden und dem Schaft muß allmählich erfolgen. Es ist zweckmäßig, die Randstehbolzen der Feuerkammerrückwände mit Muttern und Unterlegscheiben zu versehen. Die oberste Stehbolzenreihe sollte immer in dieser Weise ausgebildet sein.

Die Ankerrohre (Abb. 10), welche dickwandiger sind als die gewöhnlichen Feuerrohre, werden an ihren Enden mit Gewinde versehen und in die mit entsprechendem Gewinde versehenen Löcher der Rohrwände eingedreht, dann aufgewalzt und die überstehenden Enden umgebördelt. Die Rohranker haben gegenüber den früher häufig zur Verstärkung der Rohrwände angewandten Rundankern nicht nur den Vorteil, daß durch sie Heizfläche gewonnen wird, sondern es werden auch die früher oft vorgekommenen Undichtigkeiten der Rohre durch die gleiche Ausdehnung vermieden.

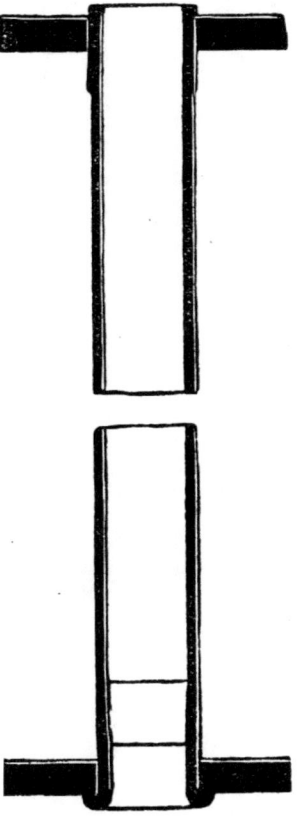

Abb. 10

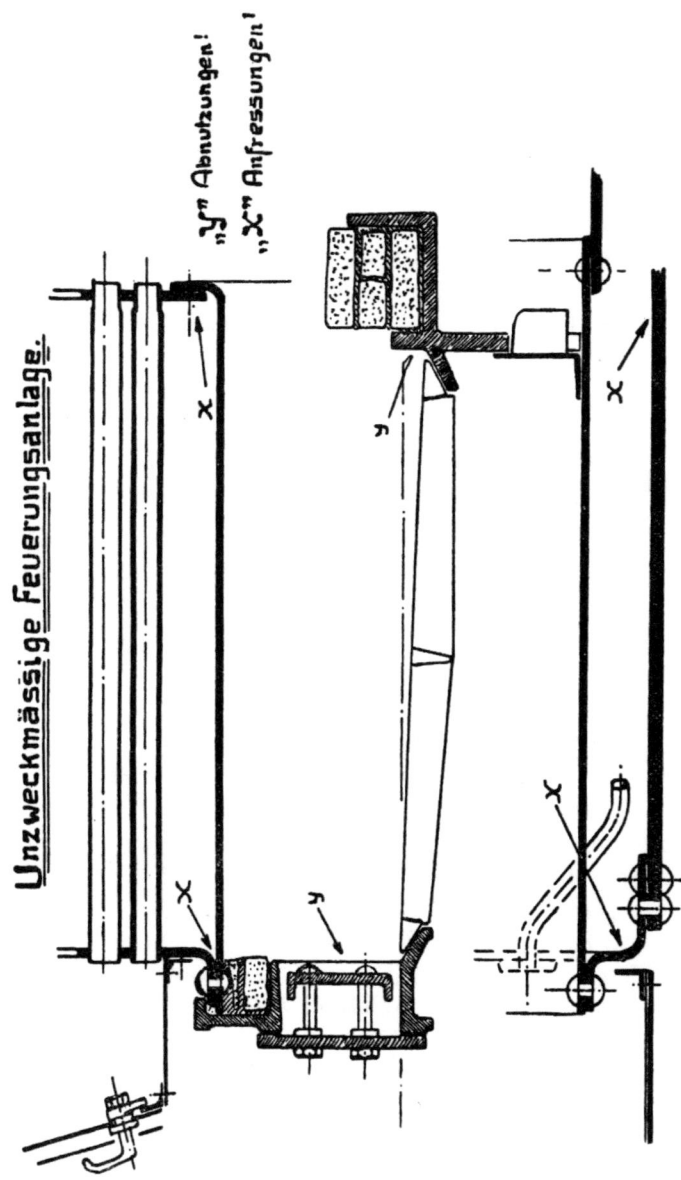

Abb. 11

— 19 —

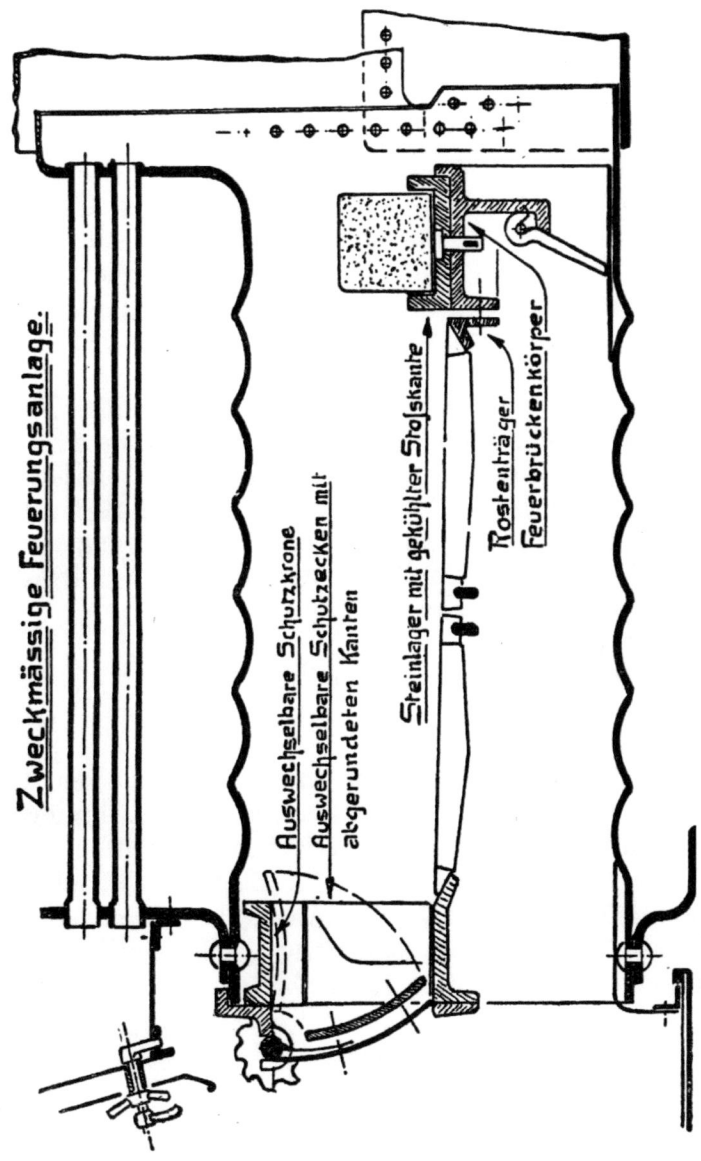

Abb. 12

Die Haupträume des Kessels

Man unterscheidet an einem Zylinder-Kessel folgende einzelne Räume: a) **Feuerraum**, b) **Wasserraum**, c) **Dampfraum**.

a) Der Feuerraum

ist derjenige Teil des Kessels, in welchem die Verbrennung der Brennstoffe und die Abgabe der heißen Gase stattfindet. Die in dem Feuerraum enthaltenen Flächen, welche auf der einen Seite entweder vom Feuer oder von den abziehenden Gasen bestrichen, auf der anderen Seite vom Wasser umspült werden, nennt man die **Heizfläche** des Kessels.

Es ist besonders darauf zu achten, daß diese Flächen stets rein gehalten werden, da Kesselstein und Ruß schlechte Wärmeleiter sind. Je reiner die Heizfläche ist, um so größer ist auch die Ausnutzung des Brennstoffes, und um so schneller geht die Dampfentwicklung vor sich.

Der Feuerraum zerfällt bei zylindrischen Schiffskesseln in folgende Hauptteile:

Flammrohr (Abb. 2)
hintere Rauchkammer oder Feuerbüchse (Abb. 2)
Feuerrohre (Abb. 2)
vordere Rauchkammer (Abb. 2)

Das **Flammrohr** hat einen zylindrischen Querschnitt; es ist entweder aus glatten, gewellten oder auch durch Rippen verstärkten Blechen hergestellt.

Die letzteren Arten finden für Schiffskessel mit hoher Spannung fast ausschließlich Anwendung, weil sie **gegen äußeren Druck eine bedeutend größere Widerstandsfähigkeit als die glatten Rohre bieten**.

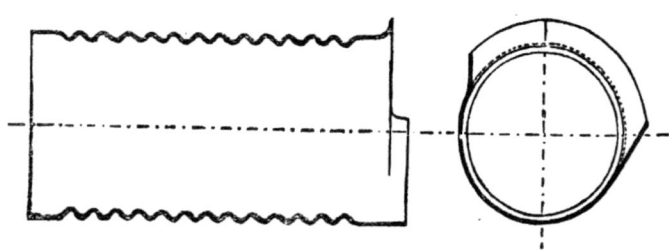

Abb. 13

Abb. 13 zeigt ein Wellrohr, System Fox, und Abb. 14 ein Wellrohr, System Morison, das flachere Wellen hat. Das gerippte Rohr nach Purves (Abb. 15) wird weniger verwendet.

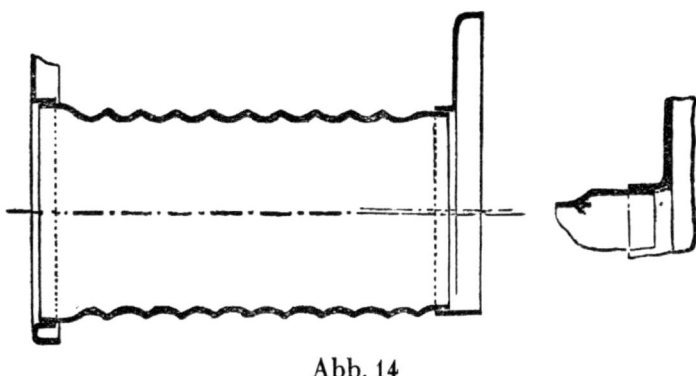

Abb. 14

An den hinteren oberen Teil des Flammrohres schließt sich die **hintere Rohrwand** an. Die Verbindung ist entweder durch Nietung (Abb. 14) oder durch Schweißung (Abb. 2) hergestellt. Früher wurde die hintere Rohrwand geflanscht, das Flammrohr dort hineingeschoben und vernietet (Abb. 14). Da aber diese Nietung meist unmittelbar hinter der Feuerbrücke liegt und die Bleche nicht genügend gekühlt werden, so stellen sich in kurzer Zeit Nietlochrisse und Leckagen ein. Deshalb hat man das Flammrohr geflanscht (Abb. 13 und 15) und läßt es hinter oder vor die hintere Rohrwand fassen. Diese Verbindung hat sich besser bewährt.

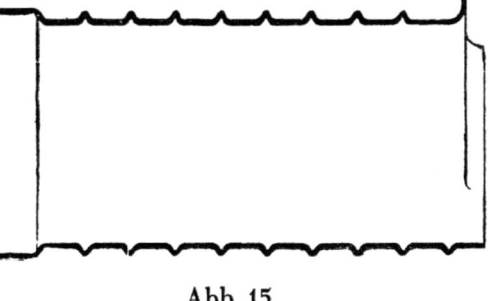

Abb. 15

Bei den Kesseln der Fluß- und Seedampfschiffe wird die Verbindung der hinteren Rohrwand mit dem Flammrohr jetzt fast ausschließlich durch Schweißung hergestellt. Anfänglich schweißte man Rohrwand und Flammrohr stumpf zusammen. Da aber hier vielfach Längs- und Querrisse auftraten, so ging man dazu über, die Rohrwand zu flanschen und die Schweißung etwa 15 cm von der hinteren Rohrwand entfernt in das Rohr zu verlegen (Abb. 16); die hiermit gemachten Erfahrungen sind gut. Alle Schweißungen sind jedoch stets sorgfältig im Auge zu behalten, weil die Sicherheit und Güte der Schweißung nicht immer an fertigen Stücken zu erkennen ist und von der Geschicklichkeit und Zuverlässigkeit des Schweißers abhängt.

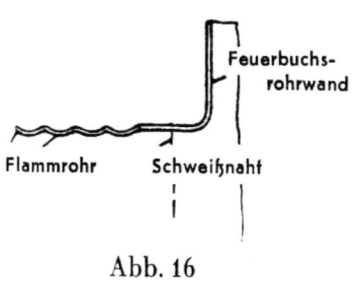

Abb. 16

In dem Flammrohr befindet sich der aus Gußeisen hergestellte, nach hinten etwas geneigte **Rost** (Abb. 2). Die Rostfläche wird aus einzelnen Roststäben hergestellt. Die Roststäbe lagern mit ihrem vorderen Ende auf der Schürplatte, mit ihrem hinteren Ende auf einem Absatz der Feuerbrücke. Bei zwei Rostlängen ruhen deren Zwischenenden auf dem quer im Flammrohr angebrachten Rostbalken (Abb. 2). Die ganze von den Roststäben gebildete Fläche nennt man die „totale Rostfläche", wohingegen der freie Raum zwischen den Roststäben die „freie Rostfläche" genannt wird. Die Roststäbe haben an ihren Enden und in der Mitte Verstärkungen, so daß zwischen je zwei Roststäben ein Spalt bleibt. Durch diese Spalten tritt die zur Verbrennung erforderliche Luft ein. Am hinteren Ende der Rostfläche wird das Flammrohr zur besseren Ausnutzung der Feuergase durch die Feuerbrücke g verengt; diese besteht in der Regel aus einem gußeisernen Unterbau, auf welchen feuerfeste Steine gemauert werden. Zwischen Rost und Feuerbrücke ist zweckmäßig ein kleiner Luftschlitz zum Kühlen der Stoßkanten.

Der unter dem Rost befindliche Teil heißt **Aschfall;** er dient zur Aufnahme der unverbrannten Rückstände, sowie zur Zuführung und Regelung der zur Verbrennung nötigen atmosphärischen Luft. Die Regelung der Luftzufuhr geschieht durch den Dämpfer, der meistens unterhalb der Feuertür, seltener im Schornstein angebracht ist und meistens verstellt werden kann.

Die **hintere Rauchkammer** (Abb. 2 b) bildet für die Heizgase den Übergang aus dem Flammrohr zu den Rauchrohren und grenzt mit diesen das Kesselwasser gegen die Heizgase ab. In ihr soll hauptsächlich eine gute Durchmischung der Luft mit den Heizgasen zur Erzielung einer möglichst vollkommenen Verbrennung erfolgen. Früher machte man für mehrere Flammrohre eines Kessels eine gemeinschaftliche hintere Rauchkammer; jetzt gibt man namentlich bei größeren Kesseln jedem Flammrohre eine eigene Rauchkammer, weil dies für die Ausnutzung der Heizgase insofern vorteilhafter ist, als bei dem Bearbeiten des einen Feuers der Zug des andern nicht vermindet wird und keine unnötige Abkühlung des Kessels eintritt.

Die **Feuerrohre** (Abb. 2), welche die größte Heizfläche der Schiffskessel bilden, sind nahtlose Flußstahlrohre; ihre Wandstärke beträgt je nach ihrem Durchmesser und dem Kesseldrucke 3—4,5 mm. Sie sind in den parallel zueinander liegenden Wandungen der hinteren und vorderen Rauchkammer in der Weise befestigt, daß sie, durch die letzteren hindurchgehend, in den genau gebohrten Löchern mittels einer Rohrwalze aufgeweitet und meistens auch noch in der hinteren Rauchkammer umgebördelt werden.

Die **vordere Rauchkammer** (Abb. 2) ist aus dünnen Blechen gefertigt und an der Vorderfront des Kessels angeschraubt. Die Frontwände derselben sind mit Türen, um ein Reinigen der Rohre zu ermöglichen, versehen.

Aus der Rauchkammer gelangen die Gase durch den Schornstein ins Freie. Der **Schornstein** ist aus Eisenblech hergestellt und von kreisförmigem oder ovalem Querschnitt. Er ist entweder feststehend oder zum Umklappen eingerichtet. Die Höhe der Schornsteine ist bei Schiffskesseln ziemlich begrenzt und von der Größe des Schiffes abhängig. Je höher der Schornstein, desto besser ist der durch ihn hervorgebrachte Zug. Der Schornsteinzug entsteht dadurch, daß sich die unter dem Rost befindliche kalte Luft bei dem Durchtreten durch die Rostspalten und die darüber liegende Brennstoffschicht erhitzt und dadurch leichter wird. Hierdurch entsteht ein Auftrieb der Luft, den man als Schornsteinzug bezeichnet.

Auf Flußdampfschiffen mit Auspuffmaschinen läßt man, wie bereits S. 7 erwähnt, den verbrauchten Dampf zur Vermehrung des Zuges durch den Schornstein ausblasen.

b) Der Wasserraum

Denjenigen Raum des Kessels, welcher stets mit Wasser gefüllt ist, nennt man den „**Wasserraum**". Große Wasserräume beanspruchen zwar für die erste Dampfentwicklung mehr Zeit; da aber eine größere Wärmemenge in demselben aufgespeichert ist, gewähren sie den Vorteil eines ruhigen Betriebes.

Bei kleinen Wasserräumen (wie z. B. bei Wasserrohrkesseln) erfolgt die Dampfbildung schneller; das Wasser gerät aber bei plötzlicher Dampfentnahme leicht in starke Wallungen. Hierdurch kann Gefahr für die Maschine dann entstehen, wenn Wasser aus dem Kessel in das Dampfrohr und von dort in den Dampfzylinder bzw. in die Turbine gelangt.

c) Der Dampfraum

Der Dampfraum befindet sich über dem Wasserraum und dient zur Ansammlung des erzeugten Dampfes. Die Größe des Dampfraumes richtet sich sowohl nach der Menge des im Kessel erzeugten, als auch nach der Menge des von der Maschine in der Zeiteinheit verbrauchten Dampfes. Der Dampf soll sich hier von den mitgerissenen Wasserteilchen befreien. Ein zu kleiner Dampfraum würde nassen Dampf geben und eine sichere Veranlassung zum Überkochen des Kessels sein.

Kesselausrüstung

Um einen Schiffskessel in gutem, gefahrlosen Betriebe zu erhalten, muß derselbe mit Vorrichtungen versehen sein, welche dienen:

I. zum Reinigen und Untersuchen der Kessel (Mann- und Schlammlöcher);

II. zur Prüfung der Dampfspannung (Manometer);

III. zur Verhütung von Überdruck (Sicherheitsventile);

IV. zur Zuführung des Wassers und Prüfung des Wasserstandes (Speiseventile, Wasserstandsvorrichtungen und Probierhähne);
V. zur Entnahme des Dampfes (Absperrventil);
VI. zur Füllung und Entleerung des Kessels (Abblasehähne bzw. Ventile).

Die Anordnung der Kesselausrüstung ist in Abb. 1 veranschaulicht. Es bezeichnet darin:
1. Mann- und Schlammlöcher,
2. Manometer,
3. Sicherheitsventile,
4. Speiseventile,
5. Wasserstände,
6. Probierhähne,
7. Absperrventil,
8. Abblasehahn.

Die Ausrüstungsteile werden nicht mehr wie früher mittels durchgehender Schrauben direkt an das Kesselblech geschraubt, sondern an aufgenieteten Flanschstutzen befestigt. Bei der ersten Art der Befestigung mußte jeder Schraubenkopf im Kessel gedichtet werden. War die Dichtung einer Schraube mißraten oder im Laufe des Betriebes undicht geworden, so war man genötigt, den Kessel abzublasen. Das Dichten der Flanschen selbst war an den teils gebogenen, teils unbearbeiteten Flächen schwierig. Viele Kessel sind durch häufiges Undichtsein der Ausrüstungsteile ausbesserungsbedürftig geworden. Die aufgenieteten Flanschstutzen zur Befestigung der Armatur werden in einer Stärke von 3—4 cm an den Kessel genietet. Auf den vorher bearbeiteten Flächen derselben werden die einzelnen Ausrüstungsstücke mittels Stiftschrauben, die jedoch nur durch den Stutzen hindurchgehen dürfen, befestigt.

Die **Mann- oder Schlammlöcher** dienen zum Reinigen, Untersuchen und Ausbessern des Kessels. Dem Flußwasser sind stets Stoffe beigemischt, welche sich bei der Verdampfung ausscheiden. Diese Rückstände und Härtebildner setzen sich an die Kesselwände, namentlich auf der Wasserseite der vom Feuer berührten Teile und bilden dort den Kesselstein, welcher durch die vorbenannten

Öffnungen des Kessels entfernt werden muß. Bei der Wahl, Größe und Form der Mann- und Schlammlöcher nimmt man stets darauf Rücksicht, daß man durch sie zur Vornahme der Reinigung des Kessels in denselben gelangen (Mannlöcher) oder von außen eine Reinigung des Kessels vornehmen kann (Schlammlöcher). Mannlöcher sollen mindestens 300×400 mm weit sein. Das geringste zulässige Maß ist im Ausnahmefalle 280×380 mm. Das Verschließen der Mann- und Schlammlöcher geschieht durch flußeiserne Deckel, welche mit einem entsprechenden Rand gegen die innere Kesselwand gelegt und von außen her mittels Bolzen und Bügel gegen die Kesselwand gepreßt werden. Es empfiehlt sich, die Schraubenbolzen der Mannlochdeckel bei Kesseln für hohe Dampfspannung mit Gewinde einzusetzen und zu vernieten bzw. zu verschweißen. Mann- und Schlammlochdeckel aus Gußeisen sind verboten. Um ein Herausdrücken der Packung zu verhindern, haben die Verschlußdeckel auf der Luftseite zweckmäßig einen Wulst oder einen Bund, dessen Spiel gegenüber dem Lochrand nicht zu groß sein darf; bei schweren Mannlochdeckeln ist jedoch — besonders an weniger gut zugänglichen Stellen — ein Spiel erforderlich, das aber 3 mm nicht übersteigen sollte.

Als **Dichtung** zwischen Kesselwand und Deckel wird meist Weichpackung, z. B. Asbest-Mannlochband, verwendet. Die Enden des Mannlochbandes schärft man aus, legt sie zusammen und näht und umwickelt sie mit dünnem Garn oder vereinigt sie auch mittels Kupfernieten. Zuverlässiger und sicherer sind geschlossene Ringe, die der Form des Deckels entsprechen. Außer Weichpackungen werden Dichtungsringe aus Blei mit Asbesteinlage oder aus profiliertem Metall mit Asbest-Graphit-Einlage verwendet. Metalldichtungen sind bei höherem Dampfdruck vorzuziehen, da sie auch bei größerem Spiel zwischen Deckel und Lochrand durch den Druck nicht herausgepreßt werden und zerreißen. Um ein Festbrennen der Packung an dem Kessel zu verhindern, werden beide Flächen derselben vor dem Auflegen mit Schlemmkreide oder Pottlot bestrichen. Bei Anwendung dieses Anstrichs ist es möglich, den Packungsring leichter abzulösen und wieder zu gebrauchen.

Die **Manometer** dienen zum Erkennen der Höhe der Dampfspannung. Solange noch kein Dampf sich gebildet hat, zeigt der Zeiger des Manometers auf Null; im Kessel ist dann derselbe Druck wie außerhalb desselben. Steigt der Dampfdruck im Kessel, so gibt das Manometer den Überdruck über den atmosphärischen Luftdruck an. Deshalb sind die sämtlichen hier gebräuchlichen Manometer so eingerichtet, daß sie nur den Überdruck, d. h. den Druck über den atmosphärischen Luftdruck, anzeigen.

Die für den Schiffskessel gebräuchlichsten Manometer sind die Röhrenfeder- und die Plattenfeder-Manometer.

Bei dem **Röhrenfeder-Manometer** (Abb. 17) tritt der Dampf in eine spiralförmig gebogene federnde Röhre von ovalem Querschnitt, welche am Ende verschlossen und an einem Hebelwerk befestigt ist, welches wiederum mit einem Zeiger in Verbindung steht. Tritt nun der Dampf in das gebogene Metallrohr ein, so hat dieses das Bestreben, dem wachsenden Dampfdruck entsprechend sich gerade zu strecken. Da aber das eine Ende fest mit dem Gehäuse verbunden ist, kann nur das andere Ende eine Bewegung machen. Diese Bewegung teilt sich dem mit dem Rohrende verbundenen Hebelwerke mit und bewirkt, je nach der Größe der Bewegung, eine mehr oder minder große Drehung des Zeigers. Hierdurch wird dann auf einer Skala der entsprechende Dampfdruck angezeigt.

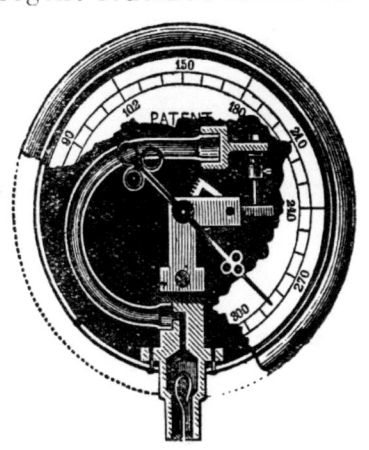

Abb. 17

Plattenfeder-Manometer, bei denen der Dampf gegen eine gewellte Stahlplatte drückt, sind weniger zuverlässig und widerstandsfähig und werden daher bei neuen Anlagen nicht mehr verwendet (vgl. Abb. 18).

Auf dem Zifferblatt des Manometers muß die höchstzulässige Dampfspannung des Kessels in leicht erkennbarer, dauerhafter Weise kenntlich gemacht sein. Die Kenntlichmachung geschieht durch einen roten Strich.

Da die Feder-Manometer leicht durch Verrosten der Feder und Beschädigung des feinen Getriebes unbrauchbar werden können, sind sie von Zeit zu Zeit durch Zurückschlagen des Zeigers auf den Nullpunkt zu probieren. Stellt man den für den Kontrollstutzen gebräuchlichen Dreiweghahn (Abb. 18) so, daß das Innere des Manometers nur mit der atmosphärischen Luft in Verbindung steht, dann muß der Zeiger leicht auf den Nullpunkt und beim Öffnen des Hahnes ebenso schnell wieder auf seinen alten Standpunkt zurückgehen. Das Öffnen und Schließen des Hahnes hat langsam zu geschehen, damit sich der Zeiger nur allmählich bewegt und nicht hin und her schlägt. Durch zu schnelles Öffnen des Hahnes wird das feine Getriebe des Manometers leicht beschädigt. Schlägt der Zeiger bei der Probe nicht auf den Nullpunkt zurück, so zeigt er um soviel zu leicht bzw. zu viel, als der Zeiger vom Nullpunkt entfernt ist; bewegt er sich, selbst bei voller Öffnung des Hahnes, nur langsam vorwärts, so ist die Verbindungsleitung zum Kessel verstopft. Die Verstopfung kann entweder in Schmutz, der sich im Manometer oder in der Leitung angesammelt hat, oder auch in ausgequollener Packung der Rohrverbindung ihre Ursache haben.

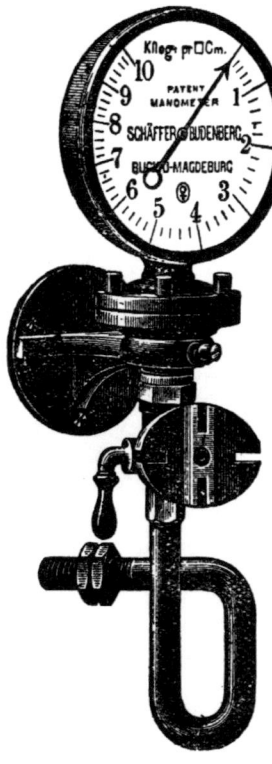

Abb. 18

An Schiffsdampfkesseln müssen nach den gesetzlichen Bestimmungen **zwei** Manometer angebracht sein, von denen sich das eine im Gesichtskreis des Kesselwärters, das andere, mit Ausnahme der Seeschiffe, auf dem Verdeck an einer für die Beobachtung bequemen Stelle befindet. Sind auf dem Dampfschiffe mehrere Kessel vorhanden, deren Dampfräume miteinander in Verbindung stehen, so genügt es, wenn außer den an den einzelnen Kesseln befindlichen Manometern in der Maschine ein Manometer mit gemeinsamer Leitung nach den einzelnen Kesseln angebracht ist. Außerdem muß sich an jedem Dampfkessel eine Einrichtung mit Dreiwegehahn befinden, welche dem prüfenden Beamten die Anbringung des amtlichen Manometers gestattet. Diese Einrichtung, welche man mit dem Namen Kontrollstutzen bezeichnet, ist unterhalb des Manometers (Abb. 19) angebracht.

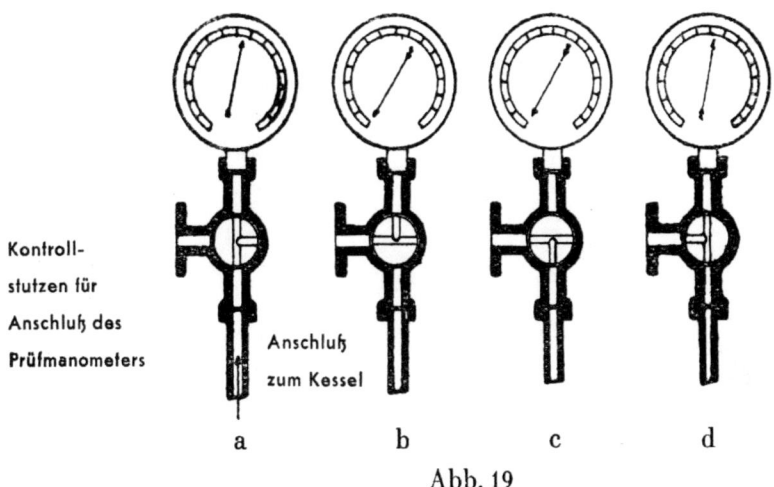

Abb. 19

Der Maschinist präge sich folgende Griffstellungen des Manometers ein: Stellung a (Abb. 19) ist die normale Betriebsstellung des Manometerhahns. Bei der Prüfung des Manometers wird dieses zuerst entlüftet bzw. entwässert, wobei der Griff nach links gedreht wird und der Zeiger auf Null geht, **Stellung** b. Zum Ausblasen der Leitung dreht man den Hahn derart, daß kein Dampf in das Manometer gelangt, **Stellung** c. Um das Manometer in Prüfstellung zu bringen, wird der Hahn erst wieder auf Stellung a gedreht, das Prüfmanometer angeschlossen und bei **Stellung** d werden beide Manometer verglichen.

Die Verbindung zwischen Kessel und Manometer wird durch ein etwa 10 mm weites kupfernes Rohr hergestellt, das kurz vor dem Manometer mit einer einen Wassersack bildenden Einbiegung versehen sein muß. In dieser Einsenkung sammelt sich kondensiertes Wasser, welches den Zutritt des Dampfes zur Manometerfeder verhindert und dieselbe vor Erlahmen schützt.

Die **Sicherheitsventile** sollen ein Überschreiten der höchstzulässigen Dampfspannung im Kessel verhindern; ihr Zweck ist daher, den überschüssigen Dampf selbsttätig aus dem Kessel ins Freie zu führen.

Die Ventile müssen derartig eingerichtet sein, daß sie sich von selbst öffnen, sobald die zulässige Dampfspannung im Kessel überschritten wird, und sich schließen, wenn die Normalspannung wieder erreicht ist. Die Sicherheitsventile sind auf dem Dampfraum des Kessels angebracht; sie sind entweder direkt mit Federn oder Gewicht, oder indirekt durch einen Hebel, der durch ein angehängtes Gewicht oder durch eine Feder niedergehalten wird, belastet. Die Belastungsgewichte müssen aus einem Stück bestehen.

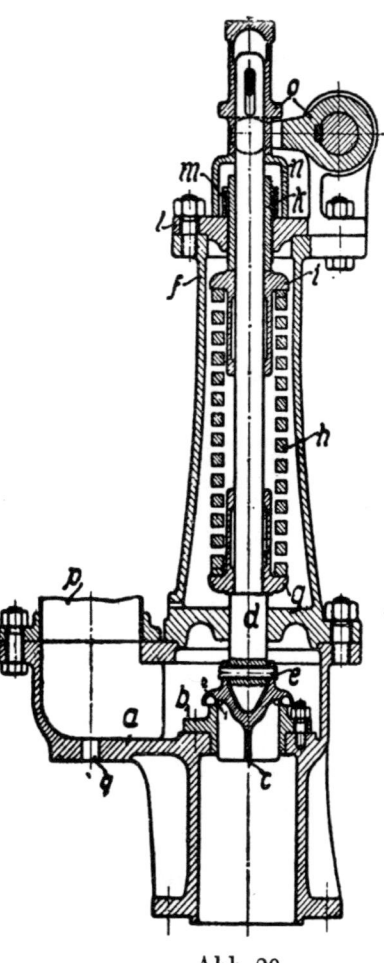

Abb. 20

Abb. 20 zeigt ein Sicherheitsventil mit direkter Federbelastung. In der Abbildung ist a das Gehäuse des Ventils, b der Ventilsitz, c Kegel — 1 Dichtung desselben, 2 Teller zur Hubvergrößerung beim Abblasen —, d Ventilspindel, e Splint, f Federgehäuse, g unterer Federteller, h Feder, i oberer Federteller, k Druckschraube, l Deckel, m Sperrring, n Kappe, o Lüftvorrichtung, p Abblaserohr, q Entwässerung.

An kleinen Schiffsdampfkesseln werden vielfach noch indirekt belastete Sicherheitsventile angebracht, deren Einzelteile in Abb. 21 ersichtlich sind. Nach den gesetzlichen Bestimmungen muß jeder Dampfkessel mit mindestens zwei Sicherheitsventilen ausgerüstet sein. Bestimmungsgemäß ist an Flußdampfschiffen dem einen Ventil eine solche Stellung zu geben, daß die vorgeschriebene Belastung vom Verdeck aus mit Leichtigkeit untersucht werden kann. Die Sicherheitsventile müssen jederzeit gelüftet und auf ihrem Sitz gedreht werden können; sie sind höchstens so zu belasten, daß sie bei Eintritt der für den Kessel festgesetzten Dampfspannung den Dampf entweichen lassen. Das Unwirksammachen oder das unbefugte Belasten der Sicherheitsventile wird streng bestraft. Läßt ein Ventil den Dampf früher entweichen, so darf der Maschinist bei Vermeidung der gesetzlichen Strafen nie selbständig Änderungen an demselben vornehmen; solche Änderungen

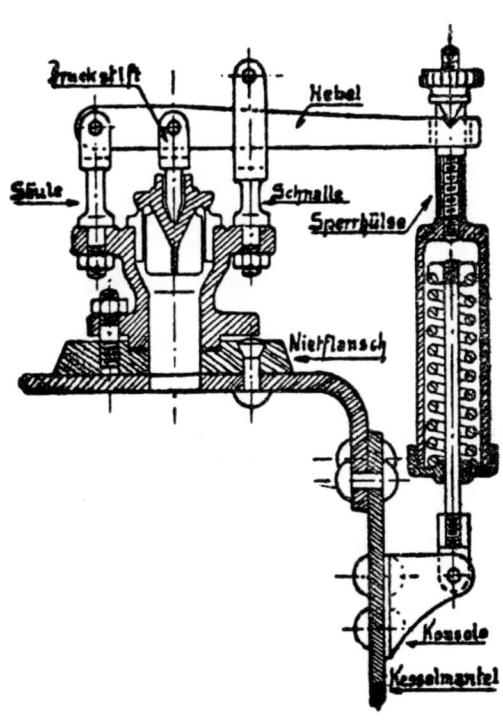

Abb. 21

dürfen nur von den zuständigen Beamten vorgenommen werden.*)

Die Sicherheitsventile sämtlicher Seedampfschiffe und auch der meisten Flußdampfschiffe sind mit direkter Federbelastung versehen, wodurch ein Abblasen bei der Bewegung der Schiffe verhindert wird. Da die Federn der meisten Ventile in einem abgeschlossenen Gehäuse liegen, in welches beim Abblasen Dampf eintreten kann, ist stets dafür zu sorgen, daß sie mit einem guten Mennigeanstrich versehen sind, weil sonst ein Anrosten und Erschlaffen derselben unvermeidlich ist.

Die Sicherheitsventile kommen leicht in Unordnung. Der Maschinist muß sich daher täglich von ihrer Gangbarkeit überzeugen; besonders hat er darauf zu achten, daß bei indirekt belasteten Ventilen die Scharniere nicht mit Farbe bestrichen werden. Auch ist ein starkes Ölen nicht vorteilhaft, weil das Öl eintrocknet und hemmende Unreinigkeiten verursachen kann.

Ist ein Ventil undicht, so muß es, wenn die Dichtungsflächen schadhaft geworden sind, nachgeschliffen werden. Sitz und Kegel werden zweckmäßig aus nichtrostendem Stahl hergestellt. Fängt ein gut eingeschliffenes Ventil ohne ersichtlichen Grund an undicht zu werden, so ist, zumal wenn der Kessel leicht überkocht, anzunehmen, daß Unreinigkeiten zwischen Sitz und Ventil gekommen sind. Das Ventil ist dann mehrere Male vorsichtig zu lüften. Hilft dieses nicht, so versuche man es mit leichtem Drehen des Ventils. Die Sicherheitsventile sind täglich durch langsames Anheben der Belastung zu probieren. Stellt sich bei der Probe heraus, daß das Ventil nicht regelrecht arbeitet, so ist an die sich bewegenden Teile Petroleum

---

*) Gemäß § 9 der Allgemeinen polizeilichen Bestimmungen über die Anlegung von Schiffsdampfkesseln vom 17. Dezember 1908 dürfen auf Seeschiffen in längerer Fahrt federbelastete Sicherheitsventile von dem Leiter der Maschinenanlage unter Anwendung eines Kontrollmanometers berichtigt werden. Derselbe ist alsdann verpflichtet, der Aufsichtsbehörde hiervon ungesäumt Mitteilung zu machen und eine entsprechende Eintragung in das Kesselbuch zu machen.

zu gießen oder durch mehrmaliges Lüften der ordnungsmäßige Zustand wieder herzustellen. Sitzen die Ventile fest, so ist der Kessel sofort außer Betrieb zu setzen und der Dampf entweder in der Maschine zu verbrauchen oder durch den Salzhahn abzublasen und das Ventil auseinander zu nehmen. Niemals darf mit nicht gangbaren Ventilen die Fahrt angetreten werden.

Speiseventile und Speiseleitungen. Jeder Kessel muß zwei voneinander unabhängige Speisevorrichtungen haben, die nicht von derselben Antriebsvorrichtung abhängig sein dürfen. In jeder zum Schiffskessel hinführenden Speiseleitung muß möglichst nahe am Kesselkörper ein Speiseventil (Rückschlagventil) angebracht sein, das durch den darauf lastenden Druck des Kesselwassers geschlossen und vom Druck des Speisewassers geöffnet wird (Abb. 22).

Abb. 22

Es gestattet somit dem Wasser wohl den Eintritt in den Kessel, nicht aber den Austritt. Gesetzlich vorgeschrieben sind **zwei** Speiseventile. Ein Ventil muß für die meist vorhandenen Maschinenspeisepumpen, und ein Ventil für die Dampfspeise- oder Handpumpen eingebaut sein. Die Speiserohrmündung soll möglichst nahe unter dem niedrigsten Wasserstand liegen, so daß beim Undichtsein des Speiseventils der Kessel sich nicht durch die Speiseleitung entleeren kann und die Kesselwandungen nicht in die Gefahr des Glühens kommen. Falls die Speiseleitung durch den Dampfraum geht, ist auf gutes Dichthalten der Rohre und ihrer Verbindungsteile zu achten, da an den undichten Stellen bei Stillstand der Speisepumpe Dampf eintreten kann, wodurch bei Inbetriebsetzung der Pumpen Wasserschläge hervorgerufen werden. Um das Speisen mehrerer Kessel zu gleicher Zeit regeln zu können, sind die Ventile mit loser Spindel versehen, mittels welcher man nötigenfalls den Ventilkegel fest auf seinen Sitz drücken kann. Da sich das Speiseventil zuweilen festsetzt oder undicht wird, ist, um eine Überholung während des Betriebes zu ermöglichen, vorgeschrieben, zwischen Ventil und Kessel eine Absperrvorrichtung (Abb. 22 u. 23) anzubringen. Ist eine solche Absperrvorrichtung bei alten Kesseln nicht vorhanden, so kann man sich beim Festsetzen des Ventilkegels oft damit helfen, daß man durch leichte Schläge gegen das Gehäuse den Kegel wieder in seine richtige Lage bringt.

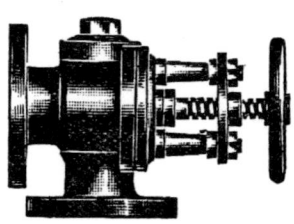

Abb. 23

Die Speiseventile sind meistens an der Wand des Kessels angebracht, welche der Maschine zugekehrt ist, damit dem Maschinisten ein leichtes Regeln möglich ist.

Da bei Inbetriebsetzung der Hauptmaschine auch die Maschinenspeisepumpe zu arbeiten beginnt, so muß im Druckrohr der Pumpe ein Überdruckventil vorhanden sein, durch welches, wenn das Speiseventil geschlossen ist, das Speisewasser einen ungefährlichen Ausweg ins Freie findet. Dieses Ventil ist durch eine beliebig zu spannende Feder auf den Ventilsitz niedergedrückt, die sich hebt, wenn der Druck des Wassers im Druckrohr zu hoch wird.

Wasserstandsvorrichtungen und Probierhähne. Die Höhe des Wasserstandes übt den größten Einfluß auf die Sicherheit des Kessels aus; deshalb ist eine stetige und leicht zu ermöglichende Beobachtung desselben unbedingt erforderlich.

An jedem Schiffskessel müssen drei Wasserstandsvorrichtungen vorhanden sein. Von diesen müssen zwei in Wasserstandsgläsern bestehen, die in einer zur Längsrichtung des Schiffes rechtwinkligen Ebene in gleicher Höhe und Entfernung von der Kesselmitte — und möglichst weit von ihr nach rechts und links abstehend — anzubringen sind. Beide Wasserstandsgläser müssen stets angestellt und genügend beleuchtet sein. Bei Schiffsdampfkesseln sind die Wasserstandsvorrichtungen meistens nicht direkt am Kessel angebracht, sondern sitzen an einem Körper, welcher durch kupferne Rohre mit dem Dampfraum und dem Wasserraum verbunden ist. Hierdurch wird der Wasserstand im Glase ruhiger.

Das Wasserstandsglas (Abb. 24) ist eine gläserne Röhre, welche oben und unten vermittels eines Hahnkopfes derart mit dem Innern des Kessels in Verbindung steht, daß sich ungefähr die Mitte des Glases in der Höhe des normalen Wasserstandes befindet. Die Höhe des festgesetzten niedrigsten Wasserstandes muß durch eine in die Augen fallende Marke sowohl am Wasserstandsglas als auch an der

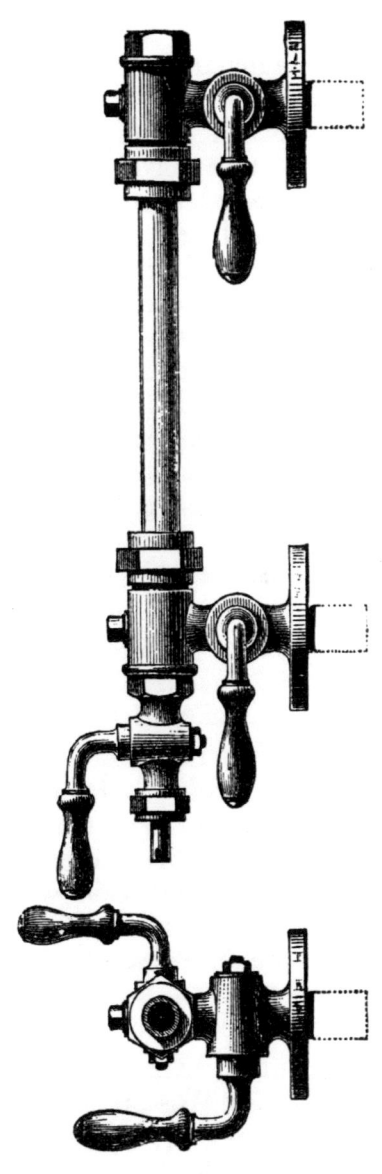

Abb. 24

Kesselwandung bezeichnet sein. An ersterem muß die Bezeichnung „Niedrigster Wasserstand", an letzterer eine feste, meist eingemeißelte Strichmarke, die von den Buchstaben N—W begrenzt ist, dauernd kenntlich gemacht werden. Die Wasserstandsmarke, unter welche das Wasser im Kessel nie fallen darf, muß nach den Bestimmungen vom 17. Dezember 1908 bei Flußschiffskesseln 10 cm und bei Seeschiffskesseln 15 cm oberhalb der höchsten Feuerzüge liegen; dieser Mindestabstand muß bei einem Neigungswinkel der Schiffsbreite gegen die Horizontalebene von 4^0 noch gewahrt sein. Da demnach der Abstand von der Oberkante der Feuerzüge bis zur Marke des niedrigsten Wasserstandes oft sehr verschieden ist, so ist die Vorschrift getroffen worden, daß an jedem Schiffsdampfkessel auf einem metallenen Schilde (Kesselschild), das mit Kupfernieten direkt am Kessel befestigt sein muß, außer der festgesetzten höchsten Dampfspannung, dem Namen des Fabrikanten, der laufenden Fabriknummer, dem Jahr der Anfertigung noch der Abstand des festgesetzten niedrigsten Wasserstandes vom höchsten vom Feuer berührten Punkt auf eine leicht erkennbare und dauerhafte Weise angegeben sein muß.

Es bedeutet z. B. die Bezeichnung auf dem Kesselschilde „Niedrigster Wasserstand 120 mm", daß die Marke des niedrigsten Wasserstandes 120 mm oberhalb der höchsten Stelle der Feuerzüge angebracht ist.

Die höchste Lage der Feuerzüge muß an der Außenwand des Kessels oder, sofern die Wasserstandsgläser durch Rohre mit dem Kessel verbunden werden, an den Wasserstandskörpern durch die Bezeichnung „Höchster Feuerzug" kenntlich gemacht werden, damit bei eintretendem Wassermangel der gefährliche Punkt sofort erkannt werden kann. So zeigt die Marke „Höchster Feuerzug" den höchsten vom Feuer berührten Punkt, d. i. die höchste Lage der Feuerzüge im Kessel an.

Eine unangenehme Störung verursacht das häufige Springen der Wasserstandsgläser.

Die Ursache des Springens kann
1. in den Gläsern selbst liegen, wenn sie bei der Herstellung schlecht gekühlt sind und dadurch ein Teil

der im Glase vorhandenen Spannungen erhalten blieb.
2. im plötzlichen Abkühlen derselben begründet sein,
3. dadurch herbeigeführt werden, daß die beiden Mitten der Stopfbüchsen, welche das Glas an den Enden umfassen, nicht in einer Achse liegen.

Im letzteren Falle erfährt das Glas beim Anziehen der Dichtungsmutter Spannungen. Man überzeugt sich leicht von der richtigen Stellung der Glasfassungen, wenn man durch die Hahnköpfe hindurch ein längeres Wasserstandsglas steckt und untersucht, ob sich dieses ohne Zwang in den Fassungen bewegen läßt.

Die Wasserstandsgläser werden durch Gummiringe in den Glasbehältern gedichtet. Sind solche Packungen undicht geworden, oder soll ein Glas zum Reinigen herausgenommen werden, so suche man dies noch im warmen Zustande des Kessels zu besorgen, weil kalt gewordene Gummidichtungen das Glas oft festhalten und ein Herausnehmen erschweren.

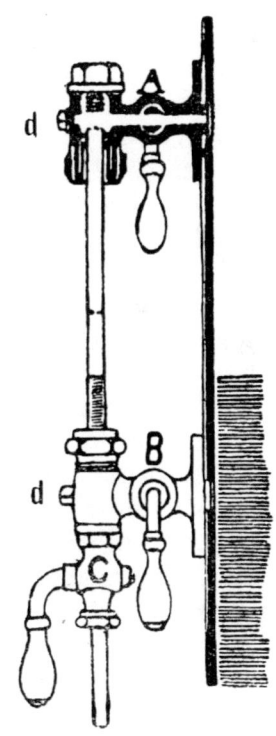

Abb. 25

Im Betriebe soll der Wasserstand im Auge behalten und darauf geachtet werden, daß er ordnungsmäßig arbeitet. Der Maschinist soll von Zeit zu Zeit die Wasserstände durchblasen, erstens, um sich von deren richtigem Arbeiten zu überzeugen, zweitens um durch einen kräftigen Dampfstrahl die Gläser zu reinigen und durch einen kräftigen Wasserstrahl den in dem Wasserrohr sich ablagernden Schmutz zu entfernen. Beim Durchblasen ist zuerst der Hahn C (Abb. 25) zu öffnen, wodurch ein Gemisch von Wasser und Dampf ausströmt; wird dann B geschlossen, muß bei C ein kräftiger Dampfstrahl ausblasen. Wird danach A noch geschlossen, darf bei C nichts austreten, sofern A und B dicht sind. Beim darauf auszuführenden langsamen Öffnen von A und B und Schließen von C muß das Wasser schnell in seine alte Lage zurückkehren. Beim Durchblasen des Wasserstandes ist darauf zu achten, daß der Hahn C zuerst geöffnet und zuletzt geschlossen wird.

Zeigt sich ein Wasserstandshahn beim Prüfen teilweise oder ganz verstopft, so öffne man die Reinigungsschrauben dd und durchstoße mit einem hakenförmig gebogenen Draht die Hähne. Haben sich diese bei dem Durchstoßen offen gezeigt und zeigt sich auch dann das Wasser im Glase noch ungenügend, so können auch die Gummidichtungen der Gläser eine Verstopfung verursacht haben. Zur Beseitigung ist in der Regel eine Erneuerung der Packung erforderlich. Es ist besonders darauf zu achten, daß die Abschlußhähne der Wasserstandsgläser gut zugänglich sind, damit sie beim Platzen des Glases leicht erreicht und schnell geschlossen werden können. Da es öfter bei in engen Heizräumen aufgestellten Kesseln mit hoher Spannung vorgekommen ist, daß ein Abschließen der Hähne nach dem Platzen des Glases unmöglich war, so ist zur Vermeidung von Unglücksfällen vorgeschrieben, entweder die Wasserstandszeiger mit selbsttätigem unteren Abschluß oder mit Vorrichtungen zu versehen, durch welche die betreffenden Hähne aus einiger Entfernung geschlossen werden können. Mit selbsttätigen oberen Wasserstandsabschlüssen sind keine guten Erfahrungen gemacht; sie können auch ohne weiteres entbehrt werden. Die Gläser müssen zum Schutz des Bedienungspersonals außerdem mit Schutzhülsen versehen sein.

Beim Einsetzen eines neuen Glases muß man darauf achten, daß die Gummipackung nicht über den Rand des Glases hervorquillt und das Glas verschließt; man verhütet dieses, indem man das Glas beim Einsetzen mit der einen Hand fest nach unten drückt, mit der anderen zunächst die obere und dann erst die untere Mutter anzieht. Quillt dennoch der Gummiring über den Rand des Glases hervor, so ist der Hahnkopf nicht in Ordnung. Der Absatz, auf dem die Glasröhre ruht, muß mehrere

Millimeter tiefer liegen als der Absatz, auf welchem der Gummiring aufsitzt. Weiter ist darauf zu achten, daß
1. das Glas die richtige Lage hat,
2. die Packung nicht zu fest angezogen wird,
3. das neue Glas allmählich durch Dampf erwärmt und erst dann mit dem Kessel in Verbindung gebracht wird.

Außer den Wasserstandsgläsern dienen die **Probierhähne** (Abb. 26) oder Probierventile (Abb. 27, ein sogenanntes Spindelventil) zum Erkennen des Wasserstandes im Kessel.

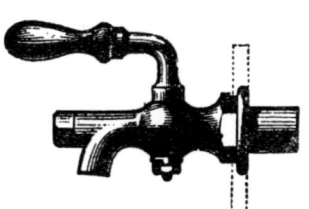

Abb. 26 Abb. 27

Diese müssen so am Kessel angebracht werden, daß sie in ihrer Wirksamkeit durch die Neigungen des Schiffes möglichst wenig beeinflußt werden und so eingerichtet sein, daß sie zur Entfernung von Kesselstein in gerader Richtung zu durchstoßen sind.

Zwei Probierhähne oder Ventile sind gesetzlich vorgeschrieben. Von diesen muß der unterste in der Ebene des festgesetzten niedrigsten Wasserstandes, also in der Höhe der Marke des niedrigsten Wasserstandes sitzen und beim Öffnen stets Wasser geben. Der oberste wird 8—10 cm höher angebracht. Die Probierhähne sind stets langsam zu öffnen; durch zu schnelles Öffnen läßt sich namentlich bei hoher Spannung nicht genau erkennen, ob Wasser oder Dampf den Hähnen entströmt.

Das **Absperrventil** (Abb. 28) ist meistens am Dom des Kessels so

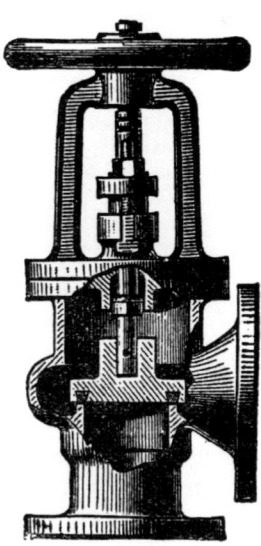

Abb. 28

angebracht, daß es beim Öffnen vom Druck des Dampfes im Kessel gehoben wird. Das Ventilgehäuse ist meistens aus Gußeisen oder Stahlguß, das Ventil und der Sitz desselben aus Bronze hergestellt. Zum Öffnen und Schließen ist das Ventil mit einer aus Bronze hergestellten Spindel verbunden, welche durch den Deckel des Ventils führt.

Die Absperrventile müssen sehr langsam geöffnet werden. Schnelles Öffnen gibt Stöße im Kessel und kann Schäden desselben verursachen. Aber nicht nur der Kessel, sondern auch die Dampfleitungen können hierdurch beschädigt werden. Sobald man in eine kalte Leitung schnell Dampf einströmen läßt, wird sie ungleichmäßig erwärmt und ausgedehnt. Hierdurch kann ein heftiges Lecken in den Flanschen entstehen. Befindet sich Wasser in der Dampfleitung, so wird dasselbe unter Knallen und heftigen Erschütterungen der Rohre durch den Dampf derart vorwärts gedrängt, daß, wenn man nicht sofort das Absperrventil am Kessel schließt, die ganze Rohrleitung zerstört werden kann. Vor dem Öffnen des Absperrventils sind die Entwässerungshähne der Rohrleitung zu öffnen.

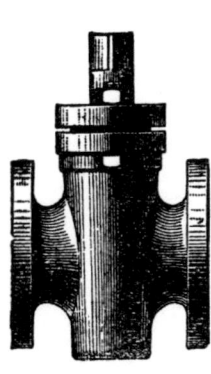

Abb. 29

Die **Abblasehähne** (Abb. 29) oder **Abblaseventile** dienen zum Füllen und Entleeren des Kessels. Man unterscheidet den **Grundhahn** und den **Salz- oder Schaumhahn**.

Der Grundhahn ist am unteren Teile des Kessels angebracht und dient sowohl zum Füllen als auch zum teilweisen oder ganzen Abblasen des Wasserinhalts des Kessels. Das im Kessel zur Verdampfung gelangende Wasser ist niemals ganz rein, sondern enthält Bestandteile, welche sich in Form von Schlamm und Kesselstein im Kessel ablagern.

Die Unreinigkeiten müssen durch **Ausblasen** aus dem Kessel entfernt werden. Das Ausblasen geschieht bei Flußdampfschiffen in der Regel des Morgens, wenn die Unreinigkeiten sich nach längerem Stillstande des Kessels am unteren Teile desselben gesammelt haben. Damit beim Abblasen möglichst alle Ablagerungen entfernt werden, schließt sich dem Grundhahn im Innern ein Rohr an, welches zum tiefsten Teil des Kessels führt.

Das **Entleeren des Kessels** vom Wasser geschieht meistens unter Dampf durch den Grundhahn. Es ist besonders Sorge dafür zu tragen, daß beim Entleeren die Spannung des Dampfes nicht zu hoch ist, da hierdurch starke Erschütterungen im Kessel und leicht Leckagen in den Nietverbänden entstehen können. Eine Atmosphäre Dampfspannung genügt vollkommen, das Wasser aus dem Kessel zu drücken. Hat man genügend Zeit, so empfiehlt es sich, das Wasser im Kessel allmählich abkühlen und dann durch einen Hahn oder ein Schlammloch in die Bilge laufen zu lassen. Auf Seeschiffen können die Kessel meistens mittels der Dampfpumpe gelenzt werden.

Der Salz- oder Schaumhahn ist in der Höhe des niedrigsten Wasserstandes angebracht und dient zum Abblasen des auf dem Kesselwasser schwimmenden Öls oder Schaums, welcher von den im Seewasser enthaltenen Salzen und Unreinigkeiten herrührt.

Die **Bestandteile des Seewassers**, welche hauptsächlich den festen Kesselstein bilden — kohlensaure und schwefelsaure Kalk- und Magnesiasalze —, scheiden sich schon bei einer Temperatur von 140^0, entsprechend einer Dampfspannung von etwa 3 Atmosphären Überdruck, aus, während Kochsalz (NaCl), dessen Löslichkeit im Wasser nur in geringerem Maße von der Temperatur abhängig ist, sich unterhalb einer Konzentration von 12% nicht in nennenswerten Mengen niederschlägt und deshalb bis dahin bedingungsweise unschädlich ist.

Das Seewasser enthält je nach den verschiedenen Meeren größere oder kleinere Mengen Salze. So beträgt z. B. der Salzgehalt an der Mündung der Flüsse 0,5 bis 1%, in der Ostsee 1—1,5%, in der Nordsee 3—3,5%. Da nun beim Verdampfen die im Wasser enthaltenen Salze und die sonstigen Unreinigkeiten im Kessel zurückbleiben, so sammeln sich, je länger Seewasser gespeist wird, immer größere Mengen in demselben an.

Für die Fälle, daß die Maschinisten auf See — sei es bei eintretendem Mangel an Frischwasser oder infolge lecker Kondensatorrohre — gezwungen sind, S a l z -

wasser in den Kessel zu speisen, ergeben sich nachfolgende Übelstände:

Der Kesselstein nimmt auf den feuerberührten Flächen an Dicke ständig zu, auch dann, wenn der Salzgehalt des Kesselwassers auf mäßiger Höhe gehalten wird.

Das häufige Abblasen des Kesselwassers zur Verminderung des Salzgehaltes ist nicht immer zweckmäßig, weil dadurch die Bildung des Kesselsteins nicht nur aus den carbonathaltigen, sondern auch aus den schwefelsauren Salzen, deren Niederschläge besonders wärmestauend sind, gesteigert werden kann.

Dagegen liegen bei mäßig beanspruchten Kesseln Bedenken nicht vor, den Salzgehalt im Notfalle bis 12% anwachsen zu lassen, während bei Kesseln mit hoher Dampfspannung, zumal wenn dieselben durch künstliche Zugeinrichtungen stärker betrieben werden, der Salzgehalt nach Möglichkeit 5% nicht übersteigen soll.

In beiden Fällen muß jedoch berücksichtigt werden, daß durch den höheren Salzgehalt des Kesselwassers die Dampfentwicklung erschwert wird und die Feuerbleche eine erhöhte Temperatur annehmen.

Es ist daher darauf zu achten, daß Schäden, welche durch die Speisung mit Salzwasser veranlaßt sind, möglichst bald beseitigt werden. Bis zur Beseitigung ist durch geeignete Maßregeln (Zusatz von Soda zum Speisewasser) die Bildung von Kesselstein möglichst zu verhindern. Mit dem Zusatz von Soda muß man vorsichtig sein und dafür Sorge tragen, daß Soda möglichst gleichmäßig und nicht in zu großen Mengen auf einmal zugesetzt wird. (s. auch Seite 46).

Ist Frischwasser an Bord vorhanden, so lasse man den Salzgehalt des Kesselwassers durch Zusatz von Frischwaser möglichst nicht über 1—2% kommen.

Das Wasser zum Abblasen wird aus der oberen Wasserschicht des Kessels entnommen. Zu diesem Zwecke steht der Schaumhahn mit einem Rohr in Verbindung, welches, innerhalb des Kessels befindlich, bis zur Höhe des niedrigsten Wasserstandes reicht und dort tellerförmig endet (Abb. 3). Beim Öffnen des Schaumhahnes werden die meist in Gestalt von Schlamm und Schaum schwimmenden

Salzteile und sonstigen Unreinigkeiten durch dieses Rohr abgeführt.

Um den für das Abblasen richtigen Zeitpunkt zu ersehen, ist es notwendig, den Salzgehalt des Kesselwassers mindestens alle vier Stunden zu messen.

Zum Messen des Salzgehaltes des Kesselwassers dient das **Salinometer** (Abb. 30). Diese zumeist aus Glas oder der größeren Haltbarkeit wegen aus Neusilber gefertigte Meßvorrichtung besteht aus einer hohlen Röhre, auf deren gewöhnlich flachen Wänden eine Skala angebracht ist. Am unteren Ende dieser Röhre ist zunächst eine hohle, mit Luft gefüllte Kugel angebracht, welche ermöglicht, das eingetauchte Instrument schwimmend zu erhalten. Um ferner die senkrechte Stellung des Meßgerätes zu sichern, befindet sich unter dieser größeren hohlen Kugel ein kleines, vollwandig kugelförmiges Gewicht. Die Eintauchtiefe in gewöhnliches Süßwasser von bestimmter Temperatur gibt den „Nullpunkt" des Salinometers auf der oben erwähnten Skala an. Da nun mit steigendem Salzgehalte das spezifische Gewicht des Wassers größer wird, so wird das Salinometer, in Salzwasser eingetaucht, nicht mehr so tief einsinken können wie in Süßwasser. Indem man also Lösungen mit bekanntem Salzgehalte herstellt, ist man leicht in der Lage, nach der Skala die Teilstriche derartig anzubringen, daß derjenige Teilstrich des eingetauchten Meßgerätes, der der Wasseroberfläche am nächsten liegt, den Salzgehalt in Prozenten oder Zweiunddreißigsteln,

Abb. 30

d. h. wieviele Gewichtsteile Salz in 100 bzw. 32 Gewichtsteilen Wasser enthalten sind, direkt angibt. Da das spezifische Gewicht des Wassers sich bei der Veränderung der Temperatur gleichfalls ändert, so muß das zu messende Wasser stets die Temperatur haben, für welche die Skala hergestellt ist. Die Temperatur ist auf der Skala verzeichnet.

Zur Aufnahme des zu messenden Wassers dient ein meistens aus Kupfer hergestelltes Gefäß. Nachdem das zu messende Wasser entweder einem besonders zu diesem Zwecke angebrachten Hahne oder dem untersten Hahne des Wasserstandes entnommen ist, werden Salinometer und Thermometer in das Gefäß gesetzt. Sobald letzteres die auf der Skala des Salinometers angebrachte Temperatur anzeigt, wird der Salzgehalt abgelesen.

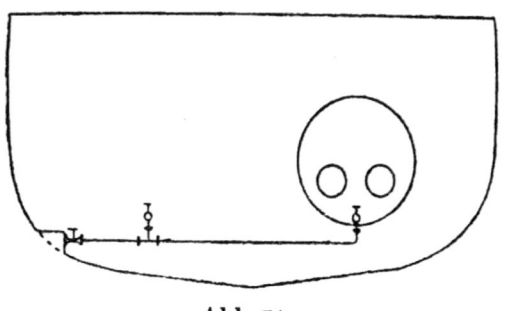

Abb. 31

Außer den Abblasehähnen und Ventilen am Kessel sind auch an der Rohrleitung am Schiffsboden oder der Schiffswand noch Hähne vorhanden, welche den **Abschluß nach außenbords** bilden (Abb. 31). Diese Abschlußhähne verhüten beim etwaigen Undichtsein der Hähne am Kessel einen Austritt von Kesselwasser nach außenbords. Im besonderen verhüten sie auch ein Vollaufen des Schiffes beim etwaigen Bruch des Rohres und gestatten ein Losnehmen desselben zwecks Ausbesserung sowie die Entleerung vom Wasser im Winter.

Beim Abblasen des im Betrieb befindlichen Kessels öffne man zuerst den an der Schiffswand sitzenden Hahn, um dem austretenden Kesselwasser freien Durchgang zu gewähren und keinen Überdruck im Abblaserohr zu erzeugen. Nach dem Abblasen schließe man jedoch zuerst den am Kessel sitzenden Hahn. Hat sich dieser Hahn durch Kesselstein festgesetzt, so ist der an der Bordwand sitzende Hahn vorsichtig zu schließen.

Abschlußhahn mit Aufsteckschlüssel

Abb. 32

Während des Abblasens ist der Wasserstand stets im Auge zu behalten; der Maschinist darf sich nicht vom Kessel entfernen oder eine andere Beschäftigung vornehmen, solange der Abblasehahn geöffnet ist.

Die Bekleidung und Lagerung der Schiffskessel

Um den Kessel gegen Abkühlung zu schützen, wird er mit einer schlecht wärmeleitenden Schutzdecke versehen. Vor der Bekleidung versieht man die Wandungen vorerst mit einem guten Mennigeanstrich und trägt dann auf die vorher erwärmten Wandungen den Wärmeschutz auf. Meistens gelangen Kieselgur, Asbest oder Glaswolle zur Anwendung. Die Bekleidung ist durch einen Mantel, der möglichst aus verzinktem Blech hergestellt sein muß, zu schützen.

Die Kessel lagern auf schmiedeeisernen Böcken, frei vom Schiffsboden, damit dieselber zu jeder Zeit von unten besichtigt, gereinigt und mit einem Anstrich von Mennige oder Teer versehen werden können. Befestigt werden die Kessel gegen seitliche Bewegung durch Abstützung des Doms oder mittels seitlich angebrachter Anker; gegen Verschiebung in der Längsrichtung erfolgt eine Sicherung durch Anbringen von Blechen und Winkeln, die gegen die Böden des Kessels stoßen und mit dem Schiffskörper verbunden sind.

Der Betrieb der Schiffskessel

Der Maschinist ist für den sicheren Betrieb des Kessels verantwortlich.*) Der Kessel muß unter Aufsicht bleiben, solange das Feuer nicht entfernt oder nicht aufgebänkt ist. Unbefugten ist der Zutritt zur Kesselanlage nicht zu gestatten. Vor Inbetriebnahme ist der Kessel einer gründlichen Besichtigung zu unterziehen; der Maschinist hat sich davon zu überzeugen, daß sich der Kessel in gutem und reinem Zustande befindet und fremde Gegenstände

---

*) Siehe Anhang: Dienstvorschriften für Kesselwärter auf Fahrzeugen der Binnenschiffahrt.

aus ihm entfernt sind; ferner hat er darauf zu achten, daß Schäden im Kessel nicht vorhanden, die Öffnungen der Ausrüstungsstücke, wie Wasserstände, Probierhähne, Speiseventile usw., gangbar und frei von Schmutz und Kesselstein sind.

Ist diese Arbeit vollendet, so werden die **Mann- und Schlammlöcher verpackt**. Beim Einsetzen der Verschlüsse ist auf eine gleichmäßige Verteilung des Spiels zwischen Lochrand und Verschlußdeckel zu achten (S. 22). Genähte Mannlochpackungen sollten nicht verwendet werden. **Das Füllen der Kessel** mit Wasser erfolgt entweder durch Auflaufen, indem das außenbords höher stehende Wasser durch den geöffneten Grundhahn in den Kessel eindringt, oder durch das geöffnete Mannloch mittels Schlauches oder Eingießens von Wasser.

Vor dem Füllen durch den Grundhahn werden die Probierhähne geöffnet, damit die im Kessel befindliche Luft, die durch das eintretende Wasser verdrängt wird, entweichen kann. Alsdann öffnet man den Grundhahn und läßt den Kessel bis zur normalen Höhe (10—15 cm oberhalb des niedrigsten Wasserstandes) oder, was noch besser ist, bis zu den oberen Muttern der Wasserstände auflaufen.

Das Austreten der Luft aus den geöffneten Hähnen zeigt an, daß das Wasser in den Kessel eintritt und die Verbindung mit dem Innern des Kessels frei ist. Sollte das Wasser außenbords nicht genügend hoch stehen, so daß der Kessel nicht bis zum normalen Wasserstand vollläuft, so muß nach dem Schließen des Abblasehahnes das fehlende Wasser durch die Handpumpe hinzugespeist oder durch das geöffnete Mannloch mittels Schlauches oder durch Eingießen mit Eimern in den Kessel befördert werden. Nachdem der Kessel genügend gefüllt ist, überzeuge man sich von der Dichtigkeit der Ausrüstungsstücke.

Bei Beginn einer jeden Betriebsperiode ist beim Füllen des Kessels mit Fluß- oder Leitungswasser, das im Mittel etwa 10^0 d*) hat, eine einmalige Zugabe von Soda notwendig, um von vornherein das Wasser genügend alkalisch

---

*) Siehe Fußnote Seite 47.

zu halten und einen Schutz der Kesselwandungen und Rohre gegen Anfressungen zu haben. Die Zugabe an handelsüblicher 96%iger kalzinierter Soda beträgt etwa 1—2 kg je Kubikmeter Kesselinhalt. In den letzten Jahren ist vielfach auch Trinatriumphosphat mit Erfolg angewendet worden (etwa ½ kg je Kubikmeter Wasser). Werden die Kessel nun weiterhin nach der ersten Füllung hauptsächlich mit Kondensat und nur geringen Mengen Frischwasser gespeist, so empfiehlt sich — außer der obigen Maßnahme beim Füllen der Kessel mit Frischwasser — auch laufend eine bestimmte Zugabe an kalzinierter Soda oder Trinatriumphosphat, entsprechen der Frischwassermenge, in die Kessel einzuführen, und zwar 5—10 g Soda je 1° Nichtkarbonathärte oder 10—20 g Trinatriumphosphat je 1° deutsche Härte und cbm Wasser.*)

---

*) Nach den deutschen Industrienormen sind die Begriffsbestimmungen der Härte folgende:

Maßeinheit.
Maßeinheit für Härte und Alkalität ist der deutsche Grad: °d.
Härtegrade werden bezeichnet mit °dH.
Alkalitätsgrade werden bezeichnet mit °dAlk.
1 °dH entspricht 10 mg/l Calciumoxyd (CaO) oder einer dieser Menge äquivalenten Menge an Erdalkalioxyden, z. B. 7,14 mg/l Magnesiumoxyd (MgO).

Gesamthärte (Formelzeichen GH).
Die Gesamthärte (GH) ist aus den durch Erdalkalien, überwiegend Calcium u. Magnesium, gebildeten Einzelhärten zusammengesetzt.
Die Gesamthärte wird im wesentlichen gebildet aus der
Kalkhärte (Formelzeichen CaH) und der Magnesiahärte (Formelzeichen MgH).
GH = CaH + MgH + sonstige Erdalkali-H.
Teilt man die mg/l CaO eines Wassers durch 10, so erhält man die Kalkhärte in °dCaH. Vervielfacht man die mg/l MgO eines Wassers mit 1,4 und teilt das Ergebnis durch 10, so erhält man die Magnesiahärte °dMgH.
°dCaH + °dMgH + °d sonstige Erdalkali-H = °dGH.

Carbonathärte (Formelzeichen KH).
Die Carbonathärte (KH) setzt sich zusammen aus den Einzelcarbonathärten, gebildet durch die an Kohlensäure gebundenen Erdalkalien, vorwiegend den Carbonaten und Bicarbonaten des Calciums und Magnesiums.
Die Carbonathärte setzt sich im wesentlichen zusammen aus der
Kalk-Carbonathärte (Formelzeichen KH_{Ca}) und der Magnesiacarbonathärte (Formelzeichen KH_{Mg}).
KH = KH_{Ca} + KH_{Mg} + KHsonstige Erdkalien.

Während man bei **Landdampfkesseln** im allgemeinen mit größeren Zusatzmengen an Soda oder Trinatriumphosphat rechnet, ist bei **Schiffsdampfkesseln** infolge der anders gearteten Betriebsverhältnisse:

Speisewasser mit wechselnder chemischen Zusammensetzung mit oft hohem Salzgehalt,

Schäumen und Spucken der Kessel infolge Salzanreicherung im Kesselwasser besonders bei plötzlicher Dampfentnahme und schwankendem Wasserspiegel des rollenden und stampfenden Schiffes,

nachteilige Einwirkung des Phosphates auf die Gleitflächen bei Kolbendampfmaschinen u. dergl. m.

eine dauernde sorgfältige Überwachung zur Ermittlung der zweckmäßigen Zusatzmengen erforderlich.

Die Soda- bzw. Trinatriumphosphatmenge ist vorher in einem Behälter zu lösen (1 kg in etwa 10 l Wasser) und mit dem Frischwasser in den Kessel zu speisen. Die sich im Kessel als Schlamm absetzenden Härtebildner bedingen ein zeitweises kurzes Abblasen des angesammelten Kesselschlammes, der sonst leicht zu Wärmestau Anlaß geben kann. Bei dem Zusatz von Soda oder Trinatriumphosphat muß größte Vorsicht geübt werden, da zu große Mengen davon das Kesselwasser zu stark alkalisch machen und zu Anfressungen an den Kesselwandungen, Undichtheiten der Nietnähte und Unrundwerden der Flammrohre führen. Außerdem kann, wie bereits erwähnt, Schäumen und Spucken der Kessel eintreten. Sogenannte „**Kesselsteingegenmittel**" sind vielfach erheblich teurer als die obigen Mittel und dazu in ihrer Wirkung oft zweifelhaft.

Die Angabe der Carbonathärte erfolgt in
$°dKH$, $°dKH_{Ca}$ $°dKH_{Mg}$ usw.

Nichtcarbonathärte (Formelzeichen NKH).
Sämtl. nicht an Kohlensäure gebundenen Erdalkalien, Hydroxyde, Chloride, Sulfate, Nitrate, Phosphate, Silikate, Humate u. a. des Calciums, Magnesiums usw. bilden die Nichtcarbonathärte (NKH).
$NKH = NKH_{Ca} + NKH_{Mg} + NKH_{sonstige\ Erdkalien.}$
Die Nichtcarbonathärte wird in
$°dNKH$, $°dNKH_{Ca}$, $°dNKH_{Mg}$ usw. angegeben.

Vielfach, namentlich bei hochbeanspruchten Kesseln, wird das Frischwasser zur Entfernung der Härtebildner und übrigen Salze außerhalb des Kessels durch chemische Mittel aufbereitet oder in Verdampfern destilliert und dann dem Kessel zugeführt. Auch in diesen Fällen empfiehlt es sich, gereinigtes Wasser bzw. Destillat und Kondensat etwas alkalisch zu halten, um die Kesselwandungen gegen Anfressungen durch Gase zu schützen. Zu weiteren Auskünften bezüglich der Speisewasserpflege wende man sich an die amtliche Überwachungsstelle für Dampfkessel.

Es ist noch darauf hinzuweisen, daß **Zinkplatten**, die bekanntlich gegen Anfressungen im Kessel und Kondensator seit vielen Jahren mit Erfolg eingebaut werden, außerdem zinkhaltige Kesselarmaturen sowie die schmierölhaltigen Gleitflächen der Dampfmaschinen von phosphathaltigem Wasser angegriffen werden; es ist daher darauf zu achten, daß nur **zinkfreie** Armaturen eingebaut werden und der Dampf nicht durch mitgerissenes phosphathaltiges Kesselwasser feucht in die Maschinen tritt.

Wenn die Kessel mit Wasser gefüllt sind, werden die **Feuerungen mit Brennstoff** belegt. Zum Belegen werden meistens Stückkohlen benutzt, damit die Feuer leicht anbrennen. Bis zur Feuerbrücke werden die Roste handbreit hoch mit Kohlen belegt. Vorne wird der sogenannte Kopf durch schichtweises Auflegen von Holz und Kohlen gebildet; sodann können die Feuer angezündet werden. Sind drei Feuerungen in einem Kessel vorhanden, so zünde man das untere Feuer etwas früher an als die beiden oberen. Beim Anheizen lasse man die Feuertür etwas offen und schließe die Dämpfer, damit das Feuer sich allmählich entwickelt und den Kessel langsam erwärmt. Während des Anheizens ist der Dampfraum des Kessels mit der äußeren Luft durch die Probier- und Monameterhähne oder durch das geöffnete Absperrventil mit der Betriebsmaschine zu verbinden. Erst wenn das Feuer ordentlich brennt, stößt man dasselbe durch, öffnet den Dämpfer und schließt die Feuertür. **Je langsamer der Kessel angeheizt wird, um so gleichmäßiger dehnt er sich aus und um so mehr wird er geschont.** Zum Dampfaufmachen sollten bei kleinere Zylinderkesseln 4—5 Stunden, bei größeren 8—10 Stunden, bei ganz großen mindestens 12 Stunden gebraucht werden. Wasserrohrkessel gestatten ein schnelleres Dampfaufmachen. Sobald sich der Dampf entwickelt, wird, um einen teilweisen Ausgleich der Temperatur im oberen und unteren Teile des Kessels herzustellen und letzteren vor ungleicher Ausdehnung zu bewahren, das unten im Kessel befindliche kalte Wasser, falls Temperaturausgleichvorrichtungen nicht vorhanden sind, durch den Grundhahn abgeblasen. Bei dem Ausblasen ist besonders darauf zu achten, daß das Wasser im Kessel nicht unter die Marke des niedrigsten Wasserstandes fällt.

Die erste Dampfentwicklung erkennt man an dem Austreten von Dampf aus den geöffneten Hähnen. Wird die Dampfentwicklung stärker, so werden die Ventile und Hähne geschlossen und die höhere Dampfspannung am Manometer beobachtet. Mann- und Schlammlochdeckel, besonders mit neu verpackten Dichtungen, müssen beim Dampfaufmachen mehrfach bis zur Erreichung des höchstzulässigen Betriebsdruckes nachgezogen werden. Nietnähte und Armaturstücke werden auf Dichtheit geprüft; undichte Stellen, die nicht sofort beseitigt werden können, sind gut zu beobachten, um bei etwaiger gefährlicher Zunahme den Kessel rechtzeitig außer Bertieb setzen zu können.

Hat der Dampf nahezu seine Normalspannung erreicht, so werden die Dämpfer geschlossen, die Speiseventile geöffnet und die Maschine angewärmt. Steigt die Spannung im Kessel bis zum Normaldruck, so sind die Sicherheitsventile vorsichtig zu probieren.

Soll die Maschine in Betrieb gesetzt werden, so sind die Ventile und Dämpfer wieder zu öffnen und das Feuer durchzustoßen.

Während der Fahrt hat der Maschinist vor allem sein Augenmerk auf den Wasserstand im Kessel, auf das Manometer und die Feuer zu richten. Das Wasser im Kassel darf nie unter den niedrigsten zulässigen Wasserstand fallen, weil sonst die vom Feuer berührten Teile leicht vom Wasser entblößt werden und Explosionen eintreten können. Geschieht dies trotz Benutzung aller Speisevorrichtungen oder werden starke Undichtheiten, erglühte

Kesselteile oder Einbeulungen bemerkt, so ist der Dämpfer zu schließen, die Rauchfangtür etwas zu öffnen und das Feuer tunlichst durch Sand, feuchte Asche oder dergleichen zu decken. Der Wasserspiegel in den Wasserstandsgläsern soll leicht erkennbar und gut beleuchtet sein. Die Schutzhülsen der Wasserstandsgläser dürfen die Erkennung des Wasserstandes nicht hindern. Wird ein Schiff hinten tiefer beladen als gewöhnlich, so ist entsprechend mehr Wasser im Glase zu halten. Von Zeit zu Zeit sind die Wasserstandsvorrichtungen zu probieren. Der Zeiger des Manometers darf nicht über die Marke der höchstzulässigen Spannung steigen. Steigt der Dampfdruck höher, so sind die Dämpfer zu schließen und ist die Speisevorrichtung anzustellen.

Bei Bedienung des Feuers ist darauf zu achten, daß die Rostfläche gleichmäßig mit Kohlen bedeckt ist und kein Teil frei bleibt, damit die durchziehende kalte Luft nicht unverbrannt in den Schornstein entweicht und keine Undichtheiten entstehen. Auch achte man darauf, daß die Feuertür nicht zu lange geöffnet bleibt, da durch den Zutritt von kalter Luft an die heißen Wandungen des Kessels — namentlich bei kurzem Flammrohr — zuweilen Undichtheiten in den hinteren Rohrwänden entstehen.

Ist der Widerschein des Feuers im Aschfall hell, so ist es in gutem Zustande, zeigen sich jedoch dunkle Flecke, so ist es entweder abgebrannt oder verschlackt. Ist letzteres der Fall, so müssen die Schlacken entfernt werden. Zu diesem Zwecke läßt man das Feuer etwas abbrennen, schiebt die Kohlen nach der einen Seite, stößt mit der Schleuse die Schlacken von den Roststäben los und entfernt die losgestoßenen Schlacken mit der Krücke. Darauf werden die Kohlen nach der jetzt von Schlacken freien Seite des Rostes geschoben und die verschlackte Seite in derselben Weise gereinigt. Nachdem dies geschehen, werden die Kohlen wieder über die ganze Rostfläche verteilt und das Feuer durch Aufwerfen von frischem Brennstoff wie früher beschickt.

Während des Betriebes und beim Durchstoßen der Feuer sammeln sich im Aschfall Asche, durchgefallene Kohlen und Koksstücke an, deren Fortschaffung von Zeit zu Zeit erforderlich wird. Bei zu großer Anhäufung von glühender

Asche können die Roststäbe leicht verbrennen und der Zutritt der Luft behindert werden.

Auch in den Feuerrohren lagern sich bald Ruß und Flugasche ab, die einerseits die Zugquerschnitte verengen, andererseits die Wärmeabgabe verringern. Es ist deshalb erforderlich, d i e F e u e r r o h r e von Zeit zu Zeit z u r e i n i g e n. Man bedient sich hierzu runder, meistenteils aus Stahldraht hergestellter Bürsten, die an so langen eisernen Stielen befestigt sind, daß man mit denselben ganz durch die Rohre hindurchstoßen kann.

Soll die Maschine eine Zeitlang außer Tätigkeit gesetzt werden, so ist der Dampf möglichst wegzuarbeiten, der Kessel aufzuspeisen und das Feuer a u f z u b ä n k e n. Die Feuer der Kessel der meisten Flußdampfschiffe werden auch des Abends aufgebänkt, damit die Kessel des Nachts nicht so stark abkühlen und am nächsten Morgen nicht von neuem angeheizt zu werden brauchen. Da die Kessel des Nachts meistens ohne Aufsicht sind, ist beim Aufbänken größte Vorsicht nötig, um so mehr, als es verschiedentlich vorgekommen ist, daß beim ungenügenden Aufbänken (Decken) so viel Wasser verdampft und durch die Sicherheitsventile abgeführt ist, daß die vom Feuer berührten Flächen vom Wasser entblößt wurden und durchbeulten.

Das Decken der Kesselfeuer der Landkessel ohne Aufsicht ist verboten.

Vor dem Aufbänken reinigt man erst die Feuer, holt sie dann entweder auf den vorderen oder auf den hinteren Teil des Rostes zusammen und bedeckt sie mit Kohlen, Kohlengrus und Asche. Da in Hamburg das Decken der Feuer mit Kohlen wegen der damit verbundenen Rauchbelästigung am Nordufer der Elbe verboten ist, so muß der Maschinist im Laufe des Tages aus den Heizrückständen an- und durchgebrannte Kohlen (Koks) ansammeln und statt der Kohlen zum Decken mitbenutzen. Das Decken der Feuer mit diesem Brennstoff ist nicht so einfach wie das Decken mit Kohlen oder Kohlengrus; es wird hierdurch aber die durch ungenügende Verbrennung entstehende starke Rauchbelästigung nach Möglichkeit vermieden. Nach dem Aufbänken sind die Dämpfer gut zu schließen. Durch oft wiederholtes Aufbänken können die Kessel leicht leiden, weil kalte Luft durch die Feuertür bzw. den unbedeckten Teil des Rostes, selbst bei geschlossenem Dämpfer, beständig in das Feuerrohr tritt und durch den Temperaturwechsel Leckagen und sogar Risse entstehen können. Der Eintritt der kalten Luft in die Feuerungen läßt sich dadurch einschränken, daß der freiliegende Teil des Rostes mit Heizrückständen bedeckt wird.

Der Maschinist hat beim Verlassen des Schiffes dafür Sorge zu tragen, daß:

1. die Feuer genügend gedeckt sind,
2. nur eine geringe Dampfspannung im Kessel vorhanden ist,
3. der Wasserstand im Kessel genügend hoch ist, möglichst bis zur oberen Wasserstandsmutter,
4. die Wasserstandshähne, Speiseventile und Grundhähne abgeschlossen sind.

Bevor die Feuer am nächsten Morgen durchgestoßen werden, blase man zuerst die Wasserstandshähne durch und überzeuge sich von der richtigen Höhe des Wasserstandes im Kessel. Ist der Wasserstand merklich gefallen, so ist zu untersuchen, ob der Kessel leck oder das Speiseventil oder die Abblasehähne undicht sind. Steht der Wasserstand unter der gesetzlich niedrigsten Marke, jedoch noch so hoch, daß die vom Feuer berührten Teile nicht vom Wasser entblößt sein können, so ist das fehlende Wasser durch Aufpumpen zu ersetzen. Ist das Wasser unter den höchsten vom Feuer berührten Punkt gesunken oder kein Wasser mehr im Wasserstandsglas zu sehen, so muß man annehmen, daß feuerberührte Teile entblößt sind und den Kessel außer Betrieb setzen (S. 73). Erst nachdem man festgestellt hat, daß die feuerberührten Teile noch vom Wasser bedeckt sind, pumpe man den Kessel bis zum niedrigsten Wasserstande auf.

Soll ein Kessel gereinigt oder aus einem anderen Grund außer Betrieb gesetzt werden, so ist darauf zu achten, daß er möglichst langsam abkühlt. Mit dem Entleeren des Kessels darf erst begonnen werden, wenn das Feuer vom Rost entfernt ist. Die Feuer werden, nachdem man sie möglichst hat abbrennen lassen, herausgezogen. Während des Herausziehens bleiben die Dämpfer geöffnet, damit der Rauch freien Abzug erhält.

Diejenigen Kessel, die ländere Zeit **außer Betrieb gesetzt werden**, sind sorgfältig zu **konservieren**.

Dies kann dadurch geschehen, daß man:

1. den Kessel mit leicht alkalischem Wasser füllt, die Feuer ansteckt und dann das Wasser so lange gelinde kocht, bis sämtliche Luft entwichen ist.

Wenn aus den Sicherheitsventilen keine Luft mehr entweicht, muß man die Feuer herausziehen und den Kessel dicht abschließen.

Bei diesem Verfahren ist selbstverständlich darauf zu achten, daß die Temperatur im Kesselraum nicht unter den Gefrierpunkt fällt; es empfiehlt sich daher weniger für den Winter.

2. den Kessel nach seiner Reinigung zunächst mit kleinen, in die Feuerungen gestellten Öfen oder sonstigen Vorrichtungen, bei geöffneten Mann- und Schlammlöchern, geschlossenen Feuertüren und wenig geöffneten Dämpfern ordentlich austrocknet. Hierauf bringt man Schalen mit brennenden Holzkohlen oder auch mit Chlorkalzium durch die unteren Mann- und Schlammlochöffnungen in den Kessel, um den Sauerstoff und die Feuchtigkeit der in dem Kessel vorhandenen Luft zu absorbieren, und schließt dann die Öffnungen luftdicht ab. Die Schalen für das Chlorkalzium müssen so groß bemessen sein, daß ein Überlaufen des später flüssig werdenden Chlorkalziums nicht möglich ist.

Bei Frostgefahr sind außer Betrieb zu setzende Kessel und Rohrleitungen gegen Einfrieren durch Entwässern zu schützen.

Die Reinigung der Kessel

In der Regel bedarf jeder Schiffskessel nach sechs- bis achtwöchigem normalem Betriebe **zur Entfernung des Kesselsteins und der sonstigen Unreinigkeiten der inneren Reinigung**.

Der **Kesselstein** bildet sich, wie bereits früher erwähnt (S. 41), aus den härtebildenden Bestandteilen des Kesselwassers und setzt sich im Innern des Kessels, namentlich an den vom Feuer berührten Wandungen, fest. Dadurch erschwert er nicht nur die Abgabe der Wärme an das Wasser, sondern es tritt auch, wenn derselbe besonders dick wird, leicht eine Überhitzung der Bleche ein, wodurch diese spröde werden und ihre Verformungsfähigkeit nachläßt. Die Schiffskessel sind besonders empfindlich für die Einwirkung des Kesselsteins. Dieser setzt sich namentlich an den hinteren Rohrwänden, zwischen den Rohren und an den oberen Teilen der Feuerbüchsen fest und vermindert hier die erforderliche Kühlung des Bleches. Diese Kesselteile bedürfen daher immer der größten Aufmerksamkeit. Eine ungenügende Kühlung ist in der Regel die Ursache der Risse in den Blechen und des Leckens der Rohre. Insbesondere ist auch darauf zu achten, daß die Verbindung des Flammrohres mit der hinteren Rohrwand gut gereinigt ist, weil hier besonders leicht Nietlochrisse oder Risse in der Schweißung auftreten. Das Ausklopfen der Kessel ist mittels kleiner, leichter, nicht zu scharfer Schlag- oder Fräswerkzeuge vorzunehmen. Es ist darauf zu achten, daß das Blech nicht durch die Schlagwerkzeuge beschädigt wird, weil hierdurch einerseits je nach Tiefe der Meißel- oder Hammerschläge eine mehr oder weniger große Kaltverformung und eine damit verbundene Verminderung der Güteeigenschaften des Bleches verursacht wird, andererseits der Kesselstein beim nächsten Mal um so fester haftet. Ebenso wie eine starke Kesselsteinschicht dem Kessel schadet, schützt eine Schicht bis zu 1 mm Stärke denselben gegen Korrosionen. Eine Schicht von dieser Stärke soll zweckmäßigerweise nicht entfernt werden. Stellen, die mit dem Pickhammer nicht erreichbar sind, werden mit dem Stangenmeißel gereinigt. Den am Kesselboden liegenden Schlamm und Schmutz zieht man zum Schluß mit der Kratze heraus und spült dann den Kessel aus.

Die Reinigung des Kessels kann auch durch chemische Mittel geschehen. Falls die Beseitigung des Kesselsteins auf mechanischem Wege infolge seiner Härte oder Unzulänglichkeit Schwierigkeiten macht, kann durch Auskochen mit 5%iger Natronlauge seine Auflösung bewirkt werden. Nachher muß jedoch der Kessel zur Entfernung der letzten Reste der Lauge mit reinem Wasser sauber ausgespült werden. In den letzten Jahren ist auch Trinatriumphosphat zur Lockerung vorhandenen Kesselsteins verwendet worden. Das Verfahren, das unter sorgfältiger chemischer Überwachung der Speisewasserverhältnisse durchzuführen ist, beruht darauf, daß alte Karbonat-, Sulfat- und Silikatansätze durch Trinatriumphosphat in unlösliche phosphorsaure Verbindungen übergeführt werden, wobei ein Auflockern des Kesselsteins zu Schlamm oder Abblättern in Schalenform erfolgt. Einige Tage vor der Kesselreinigung wird zunächst etwa 1 kg Trinatriumphosphat je m^3 Kesselinhalt, dann weiter in Abständen von je etwa 8 Stunden zugegeben. Da zum Auflockern des Kesselsteins eine bestimmte Phosphatmenge verbraucht wird, ist erst nach beendeter Ablösung des gesamten Kesselsteins ein Überschuß von Phosphat im Kesselwasser wieder nachweisbar. Man gibt demnach so lange Phosphat zu, bis 12 Stunden nach der letzten Zugabe noch etwa 100 mg/l Phosphat im Kesselwasser festgestellt werden. Es ist anzunehmen, daß dann jeglicher Kesselstein sich abgelöst bzw. gelockert hat. Da die Verschlammung des Kesselinhaltes zunimmt, muß man öfters Abschlämmen unter gleichzeitiger Verringerung der Kesselleistung auf etwa die Hälfte. Es ist zweckmäßig, sofort nach Entleerung des Kessels mit dessen Reinigung zu beginnen, da der weiche gelockerte Schlamm an der Luft schnell wieder hart wird.

Außer durch Kesselstein wird auch durch Öl- oder Fettüberzug die Kühlung der Bleche verhindert. Bei Kolbenmaschinen mit Oberflächenkondensation enthält das Speisewasser fast immer Öl, welches von den für die Zylinder, Schieber und Kolbenstangen verwendeten Schmiermittel herrührt. Da sich mineralische Öle bei den im Kessel herrschenden Temperaturen nicht zersetzen und keine Säure bilden, so werden diese statt des früher verwendeten Talges und Rüböls zum Schmieren der Zylinder und Schieber jetzt ausschließlich verwendet.

Zahlreiche Einbeulungen der Flammrohre der mit Oberflächenkondensation arbeitenden Kolbenmaschinen mahnen zur besonderen Vorsicht im Betriebe zwecks Vermeidung von Unfällen. Ursache der Einbeulungen (S. 71) ist meistens zu starke Öl- oder Fettablagerung im Kessel. Zur Verhinderung derartiger Ansammlungen ist es erforderlich, die Zylinder so wenig wie irgend möglich zu schmieren und den Kondensator alle sechs Monate zu untersuchen, ob Fett- oder Ölablagerungen vorhanden sind. Bei genügender Aufmerksamkeit der Maschinisten ist es möglich, den Kessel frei von Fett und Öl zu halten. Zweckmäßig ist es, Apparate aufzustellen, in welchen das kondensierte Wasser vor dem Eintritt in den Kessel gereinigt wird. Zur Entölung wird der Dampf auf dem Wege von der Kolbendampfmaschine nach dem Kondensator vielfach in einen **Stoßkraft-Abdampfentöler** geleitet, an dessen Stoßkanten der wasserhaltige Dampf einen Teil des mitgeführten Öles als Ölwassertropfen absetzt. Zur weiteren Reinigung fließt das am besten etwas abgekühlte Kondensat alsdann durch ein oder mehrere Filter, meist prismatischer Form, die durch parallele Abstände in mehrere Fächer geteilt sind und aus Kokosfasern, Hüttenkoks, Hydraffin, Kohle und dergl. bestehen. Die Filtermassen sind in bestimmten Zeitabständen sorgfältig zu erneuern. Vielfach werden auch sogenannte **Patronenfilter** verwendet, die aus einer

Abb. 33

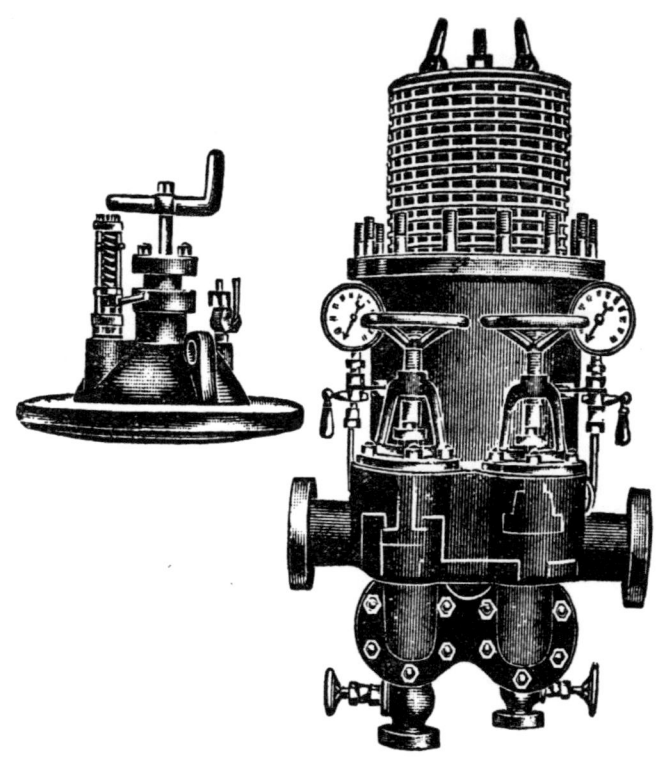

Abb. 34

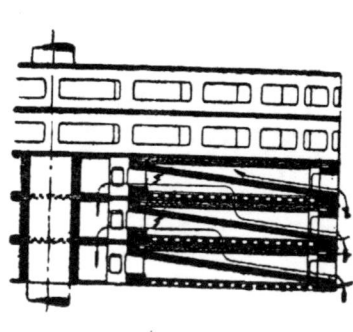

Abb. 35

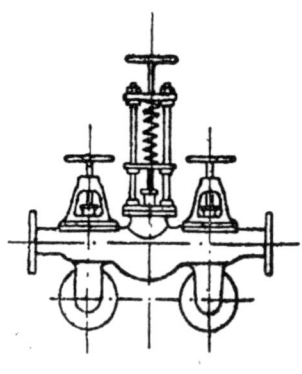

Abb. 36

Metalltrommel mit übergezogenem Filtertuch bestehen, das alle 2—3 Tage ausgewechselt, gereinigt und wieder benutzt wird. Es ist für das wirksame Arbeiten des Filters sehr wesentlich, daß man kein heißes Wasser durch die Filtermasse schickt, weil einerseits das warme ölhaltige Wasser selbst glatt durch das Filter läuft und zudem noch das bereits abgeschiedene Öl wieder gewissermaßen auflöst und mitführt. Im folgenden ist ein derartiger Reiniger beschrieben und abgebildet (Abb. 33).

Das Speisewasser strömt infolge der in Filtertellern angebrachten Scheidewände g der Abb. 35 von außen nach innen durch die Filtertücher und setzt die mitgeführten Ölteile und sonstigen Unreinigkteien in den Filtertüchern ab. Die Filtertücher können bei Verschmutzung entgegengesetzt der Filterrichtung, also von innen nach außen, mit Dampf ausgeblasen werden. Durch die schrägen Flächen der Teller wird verhindert, daß der ausgeblasene Schmutz oder die Ölrückstände von einem Filtertuch auf das andere fallen; die Rückstände werden durch die schräge Anordnung der Metallscheidewände in das Gehäuse abgeführt und durch das Schlammventil abgeblasen. Das Filtersystem kann auch während des Betriebes durch Umschaltung des Ventilkastens ausgewechselt werden. Die Anordnung eines federbelasteten Ventils an einem dreiteiligen Umführungsventilkasten (Abb. 36) verhindert das Auftreten eines zu hohen Druckes bei verstopften Filterflächen, da sich alsdann das federbelastete Ventil öffnet und das Speisewasser unmittelbar nach dem Kessel führt.

Eine zusätzliche Reinigung erfolgt auch noch durch oftmaliges Abschäumen des Kesselwassers (etwa alle zwei Tage), da erfahrungsgemäß ein großer Teil des in die Kessel gelangenden Öles auf der Wasseroberfläche schwimmt. Nach dem Öffnen des Ausblasehahnes an der Bordwand wird durch volles Öffnen des Abschäumventils ein kräftiges Ausströmen der mit Öl vermengten obersten Schicht des Kesselwassers, das naturgemäß vor Beginn des Abschäumens etwas höher als Oberkante des Abschäumtrichters stehen muß, herbeigeführt.

Die vorbeschriebenen Gesichtspunkte zur Entfernung des Öles führen bei sorgfältiger Anwendung und hinreichender Bemessung der Apparate meistens zum Ziel. Folgendes Verfahren, das in den letzten Jahren zur Anwendung kam, soll noch beschrieben werden, das allerdings nur in **Ausnahmefällen** angewendet werden sollte, da jeder Zusatz von Seewasser und Soda nur in mäßigen Mengen zugegeben werden darf, um einerseits Schäumen und Spucken des Kesselwassers, andererseits Anfressungen der Kesselwandungen zu verhüten. In bestimmten Zeitabständen wird Seewasser, in dem vorher 0,5 kg kalzinierte Soda je Kilo verbrauchtes Zylinderöl mit der 30fachen Gewichtsmenge Seewasser aufgelöst wurde, in den Kessel gepumpt, wodurch der im Seewasser gelöste Gips sich in kohlensauren Kalk umwandelt. Kalk hat die wertvolle Eigenschaft, Öle und Fette begierig aufzusaugen. Fallen nun durch den Sodazusatz die mit dem Salzwasser in den Kessel gelangenden gelösten Gipsteilchen als fester feiner Kalkschlamm aus, so absorbieren sie die umherschwimmenden Öle und Fette und reißen sie mit zu Boden, wo sie als ölhaltiger Kesselschlamm unschädlich sind und beim nächsten Abschlammen oder Reinigen des Kessels entfernt werden.

Die Reinigung des Kondensates muß sich außer der Entölung noch auf dessen **Entlüftung** erstrecken. Da das Kondensat begierig Luft aufnimmt, ist dem Speisewasser zwischen Kondensator und Speiseventil am Kessel der Zutritt von Luft möglichst zu erschweren. Bei größeren Anlagen ist zu diesem Zwecke der Speisewasserschwimmertank als geschlossener Behälter gebaut, in den die Zulaufrohre unter dem Wasserspiegel münden; weiterhin wird die Temperatur des Wassers so hoch gehalten, daß sich auf dem Wasserspiegel ein Dampfpolster befindet, um den Eintritt der Luft zu verhindern. Auf dem weiteren Wege zum Kessel ist das Speisewasser zweckmäßig über seinen Siedepunkt vorzuwärmen, um die Luft möglichst auszutreiben, die durch ein Entlüftungsrohr aus dem Behälter geführt wird.

Vielfach werden die Wandungen der Kessel mit einem **Anstrich** versehen, der diese gegen Anfressungen durch

Gase, Säuren oder Salze schützen und das Anhaften des Kesselsteins verhindern oder das Ablösen erleichtern soll. Durch den Anstrich soll eine Schicht auf der Blechhaut gebildet werden, auf welcher sich der bildende Stein nur lose haftet. Wird dann später bei dem Reinigen der Kessel im Innern geklopft, so blättert in der Regel ein großer Teil des Steins schon bei leichten Schlägen ab.

Bei Anwendung derartiger Innenanstriche muß man sehr vorsichtig sein, da sie vielfach giftige oder explosible Dämpfe entwickeln, die durch offenes Licht zur Entzündung gelangten und das Personal verbrannten. Es wird noch darauf aufmerksam gemacht, daß das Anstreichen des Kesselinnern mit Stoffen, die betäubende oder leicht entzündliche Gase entwickeln, verboten ist, und daß der Kessel durch die Anwendung eines Anstriches im Innern leicht Neigung zum Überkochen und zu Wärmestau zeigt. Bei Anstricharbeiten ist stets für ausreichende Be- und Entlüftung der Kessel sowie für ständige Aufsicht durch einen Mann außerhalb des Mannloches zu sorgen. Gefahrlos und billig ist eine Mischung aus Flockengraphit und Magermilch.

Die Revision der Kessel

Nach § 16 der Allgemeinen polizeilichen Bestimmungen über die Anlegung von Schiffskesseln vom 17. Dezember 1908 gehören zu jeder Schiffskesselanlage:
1. eine Ausfertigung der **Urkunde über seine Genehmigung** nebst den dazugehörigen Zeichnungen und Beschreibungen,
2. ein **Revisionsbuch**.

Der Maschinist ist dafür verantwortlich, daß diese Betriebspapiere stets an Bord sind.

Nach den Vorschriften über den Betrieb und die Revision der Dampfkessel soll jeder Dampfkessel, um denselben in gefahrlosem Zustande zu erhalten, von Zeit zu Zeit einer technischen Untersuchung unterworfen werden.

Die technische Untersuchung ist eine **äußere** und eine **innere**.

Die äußere Untersuchung findet alljährlich statt und hat den Zweck, den Zustand der Kesselanlage, deren Übereinstimmung mit dem Inhalte der Genehmigungsurkunde und die bestimmungsgemäße Benutzung der bei Genehmigung der Anlage oder allgemein vorgeschriebenen Sicherheitsmaßregeln festzustellen.

Die Untersuchung ist daher vornehmlich zu richten: auf die Vorrichtungen zum Speisen des Kessels; auf die Ausführung und den Zustand der Mittel, den Normalwasserstand im Kessel zu allen Zeiten mit Sicherheit beurteilen zu können; auf die Vorrichtungen, welche gestatten, den etwaigen Niederschlag an den Kesselwandungen festzustellen und den Kessel zu reinigen; auf die Vorrichtungen zum Erkennen der Spannung des Dampfes im Kessel; auf die Ausführung und den Zustand der Mittel, dem Dampf einen freien Abzug zu gestatten, wenn die Normalspannung überschritten wird; auf die Ausführung und den Zustand der Feuerungsanlage selbst; auf die Mittel zur Regelung und Absperrung des Zutritts der atmosphärischen Luft und tunlichst schnellen Beseitigung des Feuers.

Die innere Untersuchung findet alle zwei Jahre statt, kann aber, falls die zuständige Überwachungsstelle dies für erforderlich erachtet, auch in kürzeren Zwischenräumen vorgenommen werden. Sie erstreckt sich auf den Zustand der Kesselanlage überhaupt und ist vornehmlich zu richten: auf die Beschaffenheit der Kesselwandungen, Niete und Anker im Äußeren wie im Innern des Kessels, sowie der Heiz- und Rauchrohre und der Verbindungsstutzen, wobei zu ermitteln ist, ob die Dauerhaftigkeit dieser Teile etwa durch den Gebrauch gefährdet ist und die nach Art der Lokomotivfeuerrohre eingesetzten Röhren nötigenfalls zwecks Ausbesserung oder Erneuerung herauszuziehen sind; auf das Vorhandensein und die Natur des Kesselsteins; auf den Zustand der Wasserleitungsröhren und der Reinigungsröhren; auf den Zustand der Speise- und Dampfventile; auf den Zustand der Verbindungsröhren zwischen Kessel und Manometer bzw. Wasserstandsanzeiger sowie der übrigen Sicherheitsvorrichtungen; auf den Zustand des Rostes, der Feuerbrücken und der Feuerzüge außerhalb wie innerhalb des Kessels. Die Ummantelung des letzteren muß, wenn die Untersuchung sich durch Befahren der Züge oder auf andere einfache Weise nicht zur Genüge bewirken läßt, an einzelnen zu untersuchenden Stellen, oder, wenn es sich als notwendig herausstellt, gänzlich beseitigt und die Feuerbrücke entfernt werden. Ist ein Kessel im Schiff derart gelagert, daß eine Besichtigung des Bodens nicht zu ermöglichen ist, so ist es bei der achtjährlichen inneren Revision — der Hauptrevision — erforderlich, daß er unten freigelegt wird; läßt sich die Besichtigung des Kesselinnern der Rohre wegen nicht ermöglichen, so müssen diese teilweise oder ganz entfernt werden. Mit dieser Revision wird die Wasserdruckprobe verbunden.

Die Höhe der Wasserdruckprobe wird von der zuständigen amtlichen Überwachungsstelle angegeben. Die Kesselwandungen müssen dem Probedrucke widerstehen, ohne eine bleibende Veränderung ihrer Form zu zeigen und ohne undicht zu werden. Sie sind für undicht zu erachten, wenn das Wasser bei dem höchsten Drucke in anderer Form als der von Nebel oder feinen Perlen durch die Fugen dringt.

Die innere Revision und Wasserdruckprobe findet außerdem noch statt:
1. wenn Dampfkessel eine Ausbesserung in der Kesselfabrik erfahren haben, oder wenn sie zwecks Ausbesserung an der Betriebsstätte ganz bloßgelegt sind;
2. wenn Dampfkessel beim Sinken des Schiffes plötzlich abgekühlt sind;
3. wenn Teile des Dampfkessels durch Wassermangel oder Brandschaden erglüht gewesen sind.

Gemäß § 13 Ziffer 2 der Allgemeinen polizeilichen Bestimmungen vom 17. Dezember 1908 ist es Pflicht des Maschinisten, in den vorbezeichneten Fällen der zur regelmäßigen Prüfung der Schiffskessel zuständigen Stelle Anzeige zu erstatten.

Zur inneren Revision muß der Kessel gründlich von Kesselstein gereinigt und müssen sämtliche Mann- und Schlammlöcher geöffnet sein.

Jeder zu reinigende oder zu untersuchende Kessel ist von den etwa danebenliegenden, mit ihm verbundenen und im Betrieb befindlichen Kesseln in allen Rohrverbindungen durch Blindflanschen, durch Abnehmen von Zwischenstücken oder durch andere als zulässig anerkannte Mittel sichtbar und sicher abzusperren

Zur Wasserdruckprobe muß der Kessel schon vor der Ankunft des amtlichen Prüfers mit Wasser gefüllt sein; es ist beim Füllen darauf zu achten, daß die Luft aus dem Kessel entweichen kann.

Die Druckpumpe muß in gutem, gebrauchsfähigem Zustande und die Rohrleitung zwischen Kessel und Pumpe hergestellt sein.

Die Sicherheitsventile müssen genügend beschwert, gegebenenfalls abgesteift sein, Nach Beendigung der Druckprobe ist die Belastung oder Absteifung sofort zu entfernen.

Nach jeder Reinigung des Dampfkessels soll auch der Maschinist eine Revision vornehmen, damit er jederzeit den Zustand seines Kessels kennt und etwa sich zeigende Schäden schon im Entstehen beseitigen kann.

Von der Außerbetriebsetzung eines Schiffskessels zum Zwecke von etwa vorzunehmenden Ausbesserungen ist der zuständigen Überwachungsstelle Anzeige zu erstatten. Schweißarbeiten dürfen ohne Hinzuziehung des amtlichen Prüfers nicht vorgenommen werden.

Ausbesserungen durch Schweißen

Unter Schweißen versteht man eine Vereinigung von metallischen Werkstücken gleicher oder ähnlicher chemischer Zusammensetzung unter Zuführung von Wärme, derart, daß die Verbindungsstelle mit den anschließenden Teilen ein möglichst gleichwertiges Ganzes bildet. Nicht alle Werkstoffe sind gleich gut schweißbar, nicht alle Schweißungen sind gleich gut. Ihre chemische Zusammensetzung und Wärmebehandlung, sowie die Art des Schweißverfahrens, vor allem die persönlichen Eigenschaften des Schweißers bedingen in hohem Maße die Güte einer Schweißung. Nach den gesetzlichen Bestimmungen (des Reichs- und Preußischen Wirtschaftsministers) vom

15. 9. 1937 müssen die Schweißfirmen sowohl für neue als auch für Ausbesserungsschweißungen an Kesseln überzeugend nachweisen, daß sie über geeignete Arbeitsmitel und gut geschultes, nach anerkannten Richtlinien für die Schweißerausbildung geprüftes Personal für die Ausführung und Überwachung der Schweißarbeiten verfügen. Es ist ohne weiteres einleuchtend, daß in Anbetracht der Bedeutung von Kesselschweißungen, z. B. Ausschweißen von Anrissen, Einsetzen von Flicken, Auftragen von Schweißgut zur Verstärkung angezehrter Wandungsteile, Verbindung von Rohrenden u. dgl. mehr, Schweißungen nur von solchen verantwortungsbewußten Schweißern ausgeführt werden dürfen, die weitgehende Erfahrungen und Fachkenntnisse auf diesem Gebiete besitzen. Genaue Kenntnis des zu verschweißenden Stahles und seiner Wärmebehandlung, die je nach der chemischen Zusammensetzung verschieden ist, sind die Voraussetzungen für die Durchführung einer guten Schweißung. Risse werden nur dadurch beseitigt, daß sie bis auf den gesunden Werkstoff ausgekreuzt und dann sauber verschweißt werden; es ist zwecklos, Risse durch Auftragsschweißung zusammenhalten zu wollen. Haupterfordernis ist es, die Ursache eines Schadens zu erkennen und für dessen Beseitigung zu sorgen. Ein durch Alterung, d. h. durch Kaltverformung der Kesselteile, beispielsweise bei der Herstellung in der Kesselschmiede, in seinen Güteeigenschaften stark beeinträchtigter rissiger Kesselteil kann durch Verschweißen der Risse nicht ausgebessert werden, da er bestimmt in kurzer Zeit wieder rissig wird. Wenn durch fehlerhafte Beschaffenheit eines Werkstoffes bereits von Hause aus der Keim zu späteren Anrissen liegt, kann nur durch Einbau eines neuen, einwandfreien Werkstoffes einem späteren Schaden vorgebeugt werden. Allgemeine Richtlinien für Ausbesserungen lassen sich nicht angeben, da die Schadensfälle zu verschiedenartig sind; auf alle Fälle sind reichliche Erfahrungen und gutes Einfühlungsvermögen des Schweißers in die jeweils vorliegenden Werkstoffe und die Beanspruchung der zu verschweißenden Teile im Kesselbetrieb unbedingt erforderlich, andernfalls der Schaden nicht behoben, sondern unter Umständen vergrößert wird.

Man unterscheidet, je nachdem, ob die Vereinigung im teigigen Zustande unter Anwendung von Druck oder im flüssigen Zustande mit oder ohne Zusatzwerkstoffe erfolgt, Preßschweißung oder Schmelzschweißung.

a) Die Preßschweißung besteht in dem Zusammenfügen der zu verschweißenden Teile unter Druck durch Hämmern oder Pressen mit oder ohne zusätzliche Anwendung eines gleichen Werkstoffes nach voraufgegangener Erhitzung bis zum teigigen Zustand im Koks- (Koksschweißung) oder Gasfeuer (Wassergasschweißung) oder durch elektrische Erwärmung (elektrische Widerstandsschweißung).

Das Zusammenfügen erfolgt entweder durch stumpfes Aneinanderstoßen und Zusammenpressen der Ränder der Werkstücke (Stumpfschweißung), durch Übereinanderlegen und Ränder und Ausstrecken der übergreifenden Teile (Überlappungsschweißung), oder durch Einschmieden eines Keils in die abgeschrägten Ränder des Bleches (Keilschweißung).

b) Die Schmelzschweißung besteht in dem Zusammenfügen der zu verschweißenden Werkstücke durch Einschmelzen eines hierzu besonders geeigneten Zusatzwerkstoffes ähnlicher Zusammensetzung in Drahtform (Schweißdraht) ohne Anwendung von Druck und gleichzeitiger Erhitzung der Werkstücke mittels einer Schmelzflamme (in der Regel Acetylen, Sauerstoff) oder des elektrischen Lichtbogens (in der Regel Gleichstrom niedriger Spannung bei hoher Stromstärke), wodurch ein örtlich begrenzter Schmelzfluß erzeugt wird.

Das Zusammenfügen erfolgt durch Zusammenstoßen der Ränder bei gleichzeitiger Abschrägung derselben in V- oder X-Form. Zur Verbesserung der Schmelzschweißnähte und zwecks Entfernung der Schlacke ist die Naht während des Schweißens zu hämmern. Das Hämmern in Blauwärme ist jedoch unter allen Umständen zu vermeiden.

Die nach den vorgenannten Verfahren hergestellten Schweißverbindungen sind in bezug auf ihre Festigkeits- und Zähigkeitseigenschaften nicht als gleichwertig anzusehen; es muß daher diesem Umstand bei den geschweißten

Teilen entsprechend Rechnung getragen werden. Maschinell hergestellte Schweißnähte sind im allgemeinen etwas höher zu bewerten, als die von Hand geschweißte.

Unbedingt erforderlich ist ein sachgemäßes und sorgfältiges A u s g l ü h e n und ein sachgemäßes A b k ü h l e n des geschweißten Stückes. Das Glühen hat sich tunlichst auf längere Dauer zu erstrecken; man rechnet mit einer Minute je Millimeter Wanddicke, mindestens jedoch 20 Minuten im ganzen. Die Glühtemperatur richtet sich nach der chemischen Zusammensetzung der Schweißstelle; sie liegt bei etwa 900°. Nur in Ausnahmefällen kann nach sorgfältiger Prüfung vom Ausglühen bei Ausbesserungsarbeiten an Kesseln, die teils geschweißt und teils genietet sind, beim Auffüllen korrodierter Bleche oder Blechenden oder beim Einschweißen kleiner Stutzen abgesehen werden. — Zur Ausführung von Reparaturen (Herstellung oder Ausbesserung von Nähten) findet die Schmelzschweißung (Gas oder elektrisch) fast ausschließlich Anwendung; sie ist jedoch nur dann zulässig, wenn die Arbeit mit größter Sachkenntnis nach Anmeldung bei der zuständigen Überwachungsstelle und im Einvernehmen mit ihr ausgeführt wird.

Werden bei Ausbesserungsarbeiten schadhafte Stellen durch eingeschweißte Flickstücke ersetzt, so ist der Nachweis zu erbringen, daß der Baustoff der letzteren den in Frage kommenden Werkstoffvorschriften entspricht.

Die Herstellung einer guten Schweißung ist, wie bereits erwähnt, schwer. Bei den unabsehbaren Folgen, die eine schlecht oder unrichtig angewandte Schweißung an Dampfkesseln haben kann, ist unter allen Umständen nur allerbeste Qualitätsarbeit erforderlich. Aus diesem Grunde kommen für solche Arbeiten nur vertrauenswürdige und leistungsfähige Firmen in Frage, die sich zur Ausführung der Schweißarbeiten nur durchaus zuverlässiger Arbeiter — die gelernte Kesselschmiede sein sollten — mit erforderlicher Fachausbildung bedienen. Schweißarbeiten sollten nie in Akkord vergeben werden.

Kleine Reparaturen während der Fahrt

Zu den gewöhnlichen Reparaturen während der Fahrt gehört das A b d i c h t e n v o n l e c k g e w o r d e n e n

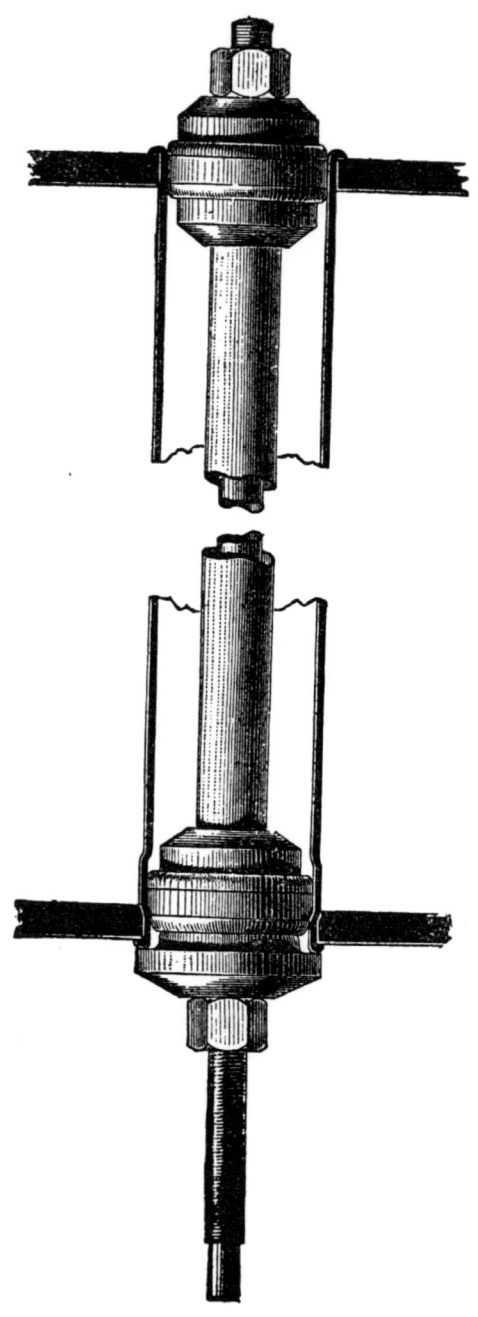

Abb. 37

Feuerrohren. Tritt ein solcher Fall ein, so hilft man sich dadurch, daß man:

1. von der vorderen Rauchkammer aus gedrehte Holzpflöcke in die Rohre hineinschlägt, und zwar so, daß man die schadhafte Stelle des Rohres durch zwei Pflöcke einschließt;

2. sogenannte Rohrdichter anwendet, von denen sich der Jourdansche patentierte Rohrabdichter (Abb. 37) vor allem seiner einfachen Handhabung und guten Dichtung wegen auszeichnet.

Dieser Rohrabdichter besteht aus einer Stange mit Gewinde an beiden Enden, auf welchen zwei gußeiserne Scheiben befestigt sind. Zwischen den Scheiben befindet sich Gummi, welcher an beiden Enden mit dünnen gefalteten Kupfermanschetten versehen ist. Zwischen den beiden gußeisernen Scheiben befindet sich ein Rohr, welches dieselben in dem richtigen Abstand hält und beim Anziehen der vorderen Mutter das gleichzeitige Zusammenschrauben der beiden Gummikörper ermöglicht; durch dieses Zusammenschrauben der Gummikörper werden diese und mit ihnen die gefalteten Kupfermanschetten an die innere Rohrwand angedrückt und so ein dichter, dauerhafter Verschluß des Rohres bewirkt.

Strömt das Wasser aus dem Rohre jedoch zu heftig aus, so ist man gezwungen, den Kessel abzusetzen. Man muß dann sofort das Feuer herausziehen und den betreffenden Kessel, wenn mehrere zu einem Betriebe vereinigt sind, von den übrigen absperren und soweit abblasen, daß das betreffende Rohr vom Wasser frei ist. Das Dichten des Rohres geschieht dann durch eine Rohrverschraubung. Dieselbe besteht aus einer eisernen Stange, die etwas länger als das Feuerrohr und auf beiden Seiten mit Gewinden versehen ist, auf welchen sich je eine Scheibe mit einem dem Durchmesser des Rohres entsprechenden eingedrehten Rand befindet. Die eine Scheibe wird auf der einen, die andere auf der anderen Seite des Rohres angebracht. Nachdem die Stange in das zu dichtende Rohr gesteckt ist, wird vor jedes Rohrende eine der mit Packung versehenen Scheiben gelegt und dann das Rohr durch Anziehen der Scheiben vermittels der auf der Stange befindlichen Muttern gedichtet.

Einen **undichten Mannlochdeckel** pflegt man, wenn derselbe sich nicht mehr anziehen läßt, durch Eintreiben von Holzkeilen zu dichten. Nach den in letzter Zeit gemachten Erfahrungen ist jedoch die größte Vorsicht dringend geboten. Das, was früher bei Kesseln mit niedriger Spannung als etwas Selbstverständliches galt, muß bei den Hochdruckkesseln mit besonderer Vorsicht behandelt werden. Wird ein Mannlochdeckel, zu dem man nicht ohne Gefahr gelangen kann, undicht, so kann nur dringend empfohlen werden, die größte Vorsicht walten zu lassen.

Es kommt zuweilen während des Heizens vor, daß einzelne **Roststäbe** herausfallen. Das Einlegen neuer geschieht meistens, nachdem man das Feuer vorher etwas zur Seite geschoben hat, mit der Rostzange. Fehlt ein

Roststab in der hinteren Rostlage, so bindet man in der Regel einen neuen mit Bindfaden an die Schleuse, führt letztere so weit in die Feuerung, daß der Roststab in der richtigen Lage ist und läßt dann den Bindfaden durchbrennen.*)

Das Überkochen des Kessels

Unter Überkochen versteht man ein heftiges Aufwallen des Wessers im Kessel. Da hierdurch leicht das Wasser mit dem Dampf zur Maschine mitgerissen wird, so können im Kessel leicht ein Erglühen der vom Feuer berührten Teile und in der Maschine Kolben- und Zylinderbrüche entstehen.

Das Überkochen kann entstehen:

1. durch unzureichende Größe des Dampfraumes oder der Wasseroberfläche, weil dann dem abströmenden Dampf nicht Zeit gelassen wird, sich von den mitgerissenen Wasserteilchen zu befreien;
2. durch Schmutz und Fett, welche auf der Oberfläche des Wassers lagern und dort ein Aufsteigen der Dampfblasen verhindern. Durch plötzliches Freiwerden entsteht eine außergewöhnlich große Dampfentwicklung, die das Wasser in heftige Wallung bringt;
3. beim Übergang in der Verwendung von Frisch- zu Seewasser und umgekehrt;
4. durch zu schnelles Öffnen der Absperrventile. Dadurch, daß der auf dem Wasser liegende Dampfdruck plötzlich verringert wird, entsteht eine Druckminderung, die ein Aufwallen des Wassers zur Folge hat;
5. durch zu hohe Dichte des Kesselwassers.

Ein Aufwallen macht sich am Kessel durch einen stark schwankenden Wasserstand, an der Maschine durch Klopfen in den Zylindern und auch häufig durch das Austreten von Schmutz und Wasser durch die Zylinderstopfbüchsen bemerkbar.

---
*) Kleine Reparaturen an den Kesselausrüstungen sind bei diesen näher beschrieben (S. 24).

Tritt ein Überkochen ein, so öffne man die Bodenhähne des Schieberkastens und der Dampfzylinder, lasse die Maschine langsamer gehen und nötigenfalls stillstehen.

Am Kessel vermindere man durch Schließen der Dämpfer und Vorstellen der Feuertüren die Dampfentwicklung. Ist zu viel Wasser im Kessel vorhanden oder dessen Dichte zu hoch, so blase man es bis zur Marke des niedrigsten Wasserstandes ab und speise den Kessel langsam mit kaltem Wasser. Erst nachdem sich das Überkochen gelegt hat, verstärke man wieder die Dampfentwicklung und lasse nach und nach die Maschine ihre alte Geschwindigkeit wieder einnehmen.

Während des Überkochens hat der Maschinist den Wasserstand des Kessels stets im Auge zu behalten, in kurzen Zwischenräumen durchzublasen und sich genau von der Höhe des Wassers im Kessel zu überzeugen.

Die Kesselexplosionen

Unter „Explosion des Kessels" versteht man ein plötzliches Zerreißen der Wandungen und einen dadurch entstehenden plötzlichen Ausgleich der Spannung innerhalb und außerhalb desselben.

Ein Kessel kann nur dann explodieren, wenn die Wandungen desselben nicht stark genug sind, um dem Dampfdruck zu widerstehen. Die Explosion kann herbeigeführt werden durch

1. zu hohe Dampfspannung,
2. fehlerhafte oder zu schwache Bauart bzw. schlechten Werkstoff,
3. schadhaften Kessel,
4. Wassermangel,
5. übergroße Kesselsteinbildung oder Öl- und Fettansammlung.

1. Die Explosion durch zu hohe Dampfspannung kann nur eintreten, wenn die Sicherheitsventile nicht ordnungsgemäß arbeiten, überlastet oder gar festgekeilt sind. Manche Maschinisten sind gewissenlos genug, die Sicherheitsventile in der Absicht, eine schnellere Fahrt zu erzielen oder übergroße Lasten mit

dem Schiffe zu schleppen, derart zu belasten, daß der Dampfdruck im Kessel nicht selten um mehrere Atmosphären über die genehmigte Spannung steigt! Vielfach wird dann noch die Unvorsichtigkeit begangen, die Belastung plötzlich zu entfernen, wodurch der hochgespannte Dampf unter so gefährlicher Rückwirkung auf das Wasser entweicht, daß der so schon übermäßig angestrengte Kessel dieser Beanspruchung nicht Widerstand leisten kann und explodiert. Hat der Dampf die genehmigte Spannung überschritten, so ist der Druck mit der größten Vorsicht durch langsames Öffnen der Sicherheitsventile oder Angehenlassen der Maschine auf seinen normalen Stand zu bringen. Namentlich bei einem plötzlichen Stillstande der Maschine und starkem Feuer im Kessel kann es vorkommen, daß der Dampf etwas über den genehmigten Druck steigt. Diese wenig erhöhte Spannung ist für den Kessel noch nicht gefährlich; sie ist jedoch durch rechtzeitiges Dämpfen des Feuers und Anstellen der Speisevorrichtungen möglichst zu vermeiden.

2. **Explosion durch fehlerhafte Bauart oder schlechten Werkstoff tritt ein:**

a) wenn die Wandstärken und die Verankerungen des Kessels von vornherein zu schwach gewählt oder seine Vernietung und Schweißung schlecht oder zu schwach ausgeführt werden;

b) wenn entweder ein Werkstoff von geringer Festigkeit oder zu hoher Sprödigkeit und Brüchigkeit zur Verwendung gelangt.

Findet sich ein fehlerhaftes Blech mit Dopplungen in den feuerberührten Teilen des Kessels, so wird bald die dem Feuer zugekehrte, vom Wasser nicht gekühlte Seite zu stark erwärmt. Es bildet sich dann dort entweder eine Blase von grauem Aussehen mit Riß oder nur ein Riß ohne Blase. Auf alle Fälle ist das doppelte Blech auf der Feuerseite herauszuhauen, weil es überhitzt wird, da eine Kühlung durch das Kesselwasser nicht stattfindet.

Hat das doppelte Blech (Fliese) nur eine geringe Stärke und erstreckt sich die Fliese nur über eine kleine Fläche, so hat sie wenig Einfluß auf die Sicherheit des Kessels. Ist hingegen die Fliese stärker und auch ihre Ausdehnung erheblich, so ist Ausbesserung bzw. **Ersatz des Bleches** erforderlich.

3. **Explosion durch Schadhaftigkeit des Kessels.** Durch den Gebrauch oder durch Undichtheiten werden einzelne Teile des Kessels in ihrer ursprünglichen Stärke oft derartig geschwächt, daß sie dem Dampfdrucke nicht mehr widerstehen können. Über Ausbesserungsschweißungen an schadhaften Dampfkesselteilen ist das auf S. 64 ff. Gesagte zu beachten, damit die schadhaften Stellen wirklich „a u s g e b e s s e r t" und nicht durch schlechte Schweißungen oder Spannungen noch verschlechtert werden und so die Sicherheit des Kessels stark herabsetzen. Um Schäden rechtzeitig zu entdecken, ist es erforderlich, daß der Maschinist den Kessel nach jeder Reinigung einer gründlichen Revision unterzieht und schadhafte Stellen im Auge behält.

Dadurch, daß schadhafte Stellen am Kessel gleich beim Entstehen entdeckt werden, ist die Möglichkeit vorhanden, sie mit geringer Mühe und wenig Kosten zu beseitigen. Besonders ist darauf zu achten, daß lecke Nähte und Ausrüstungsteile sofort gedichtet werden, da durch das herausrinnende Wasser unter Mithilfe der Luft ein Rosten der Bleche eintritt. Hierbei werden diese im Laufe der Zeit so stark angegriffen, daß sie dem Dampfdrucke nicht mehr widerstehen und Veranlassung zu einer Kesselexplosion geben können. Große Neigung zur Leckage zeigen die Bodennähte, weshalb diese der besonderen **Aufmerksamkeit bedürfen.**

4. **Die Explosion infolge Wassermangels** kann nur durch grobe Unaufmerksamkeit und Nachlässigkeit des Maschinisten eintreten. Selbst dann, wenn das Überkochen des Kessels die Ursache des Wassermangels gewesen ist, hat er es an der nötigen Aufmerksamkeit fehlen lassen. Wird das Fehlen des Wassers im Kessel bemerkt, so überzeuge man sich zuerst durch Prüfen der Wasserstandsvorrichtungen von dem richtigen Anzeigen derselben. Ist der Wasserstand so tief gesunken, daß feuerberührte Teile bloßgelegt und möglicherweise dem Glühen nahe sind, so hemme man durch Vorsetzen des Dämpfers und Öffnen der Rauchfangtüren den Zug

des Feuers und bedecke es möglichst mit feuchter Asche, in Ermangelung solcher gegebenenfalls mit Kohlen. Auf alle Fälle vermeide man das Herausziehen des Feuers. Hierdurch wird, solange die Kohle noch glüht, infolge des Schürens unter Umständen eine Verstärkung des Feuers und damit eine Wärmesteigerung verursacht, die — wie die Erfahrung vielfach bestätigt hat — eine Einbeulung der Flammrohre herbeiführen kann.

Man setzte auf keinen Fall die Speisevorrichtung an, um Wasser in den Kessel zu pumpen, da hierdurch in erster Linie der vom Wasser entblößte, vielleicht glühende Werkstoff des Kessels infolge der Abschreckung leidet, lasse auch das Sicherheitsventil geschlossen, weil durch Öffnen desselben das Wasser im Kessel noch mehr abnimmt. Sind die Bleche soweit abgekühlt, daß man mit Sicherheit annehmen darf, daß eine starke Erwärmung nicht mehr vorhanden ist, so gestatte man dem Dampfe freien Abfluß und lasse den Kessel erkalten. Bevor er wieder in Betrieb genommen wird, untersuche man, ob die einzelnen Teile durch den Wassermangel gelitten haben und mache der Behörde bzw. technischen Überwachung die vorgeschriebene Anzeige.

Da die Bleche in glühendem Zustande bei weitem nicht die Festigkeit besitzen wie in kaltem, so können sie infolge des darauf lastenden Dampfdruckes ausbeulen oder rissig werden. Wird ferner durch Unkenntnis Wasser in einen teilweise erglühten Kessel gepumpt, so kann sehr leicht eine Explosion dadurch entstehen, daß die Bleche durch die Abkühlung zerreißen; auch ist es nicht unmöglich, daß die plötzliche Dampfentwicklung so stark wird, daß hierdurch der Kessel gefährdet wird.

Ist der Wasserstand im Kessel nur so tief gesunken, daß die vom Feuer berührten Teile noch nicht vom Wasser entblößt sind, so dämpfe man das Feuer und pumpe den Kessel gegebenenfalls auch noch mit der zweiten Speisevorrichtung langsam auf. Sobald der niedrigste Wasserstand wieder erreicht ist, entferne man die Dämpfer und nehme den Betrieb wieder auf.

5. Die Explosion infolge übergroßer Kesselsteinbildung oder Öl- und Fettablagerung

kann durch ungenügende Reinigung des Kessels eintreten. Eine zu starke Steinkruste oder Fettschicht verhindert eine Berührung des Wasser mit den feuerberührten Teilen und somit ihre Abkühlung. Diese Teile werden dann überhitzt, verlieren an Festigkeit und können dem Dampfdrucke nicht widerstehen und werden rissig.

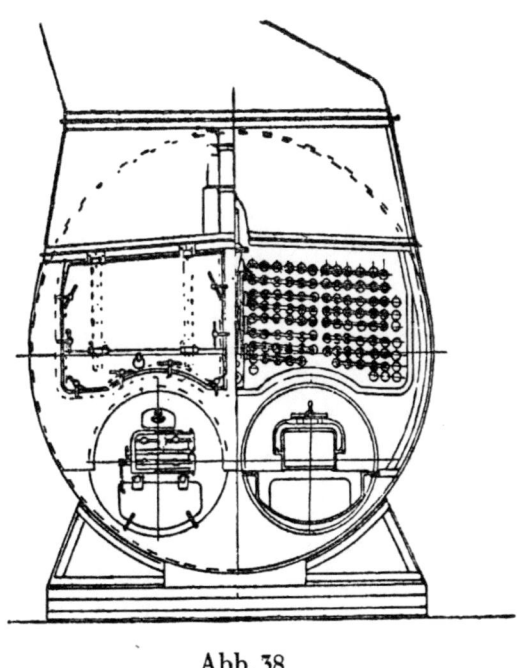

Abb. 38

Die Ausführungen lehren, daß ein störungsfreier Kesselbetrieb nur dann gewährleistet ist, wenn außer dem Einbau von fehlerfreiem Werkstoff und außer sachgemäßer Kesselschmiedearbeit auch die Wartung des Kessels einschließlich sorgfältiger Speisewasserpflege durch gut ausgebildete Maschinisten gewissenhaft durchgeführt wird. Nur dann können größere Kesselschäden oder gar Explosionen vermieden werden.

Dampfüberhitzung

In stetig zunehmendem Maße ist man auch im Schiffsbetriebe zur Verwendung von überhitztem Dampf, auch Heißdampf genannt, übergegangen. Die Dampfersparnis beträgt bei der Verwendung von überhitztem Dampf etwa 10—15%. Infolge der durch die Überhitzung herbeigeführten höheren Dampftemperatur (300—350°) wird die Kondenswasserbildung in den Zylindern der Maschine vermieden; der Dampf bleibt während des ganzen Kolbenhubes dampfförmig und kann somit mehr Arbeit durch Expansion an den Kolben abgeben, als wenn ein Teil zu Wasser kondensiert ist.

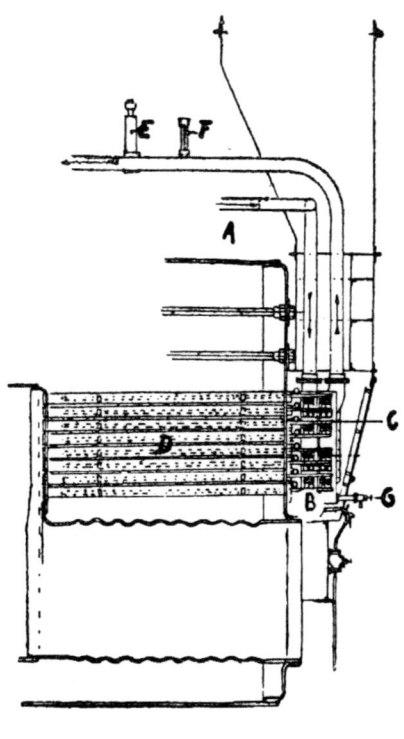

Abb. 39

Meistens ist bei Zylinderkesseln der **Rauchrohr-Überhitzer** eingebaut, der in Abb. 38 dargestellt ist. Als Überhitzerrohre werden nahtlose Stahlrohre von 20—24 mm äußerem Durchmesser mit 2,5—3,0 mm Wandstärke verwendet. Vor der Rauchkammerseite des Kessels sind die Dampfsammelkästen angebracht. Der zu überhitzende Dampf wird von hier durch die Überhitzerelemente geleitet, die aus einer Anzahl durch Bögen miteinander verbundener U-Rohre zusammengesetzt sind. Die U-Rohre sind in den Rauchrohren des Kessels untergebracht und werden von den Heizgasen umspült und auf höhere Temperaturen gebracht. Die in den Rauchrohren liegenden Umkehrenden des Überhitzers sind besonders sorgfältig hergestellt und an den Spitzen gegen die Einwirkung der Heizgase verstärkt.

Bei Wasserrohrkesseln sind meist zwischen den Rohrbündeln zur Überhitzung Rohrschlangen von 32—44,5 mm äußerem Durchmesser angeordnet (s. Abb. 4).

Die Dampfüberhitzung besteht darin, daß man den im Kessel erzeugten Naßdampf vom Hauptabsperrventil A (Abb. 39) nicht direkt zur Maschine leitet, sondern zuvor durch ein Rohrsystem D schickt, welches von den Kesselheizgasen umspült wird. Der Zweck der Dampfüberhitzung besteht darin, die in dem Kesseldampf enthaltenen, teils durch Kondensation entstandenen, teils mitgerissenen Wasserteilchen durch weitere Hinzuführung von Wärme in dem Rohrsystem D noch nachträglich zur Verdampfung zu bringen.

Der aus dem Kessel durch das Absperrventil A austretende nasse Dampf gelangt hierbei zuerst zu dem im Rauchfang angeordneten Eintritts-Sammelstutzen B, strömt von hier aus in eine Anzahl von Rohrschlangen, die in die Rauchrohre hineingesteckt sind, und sammelt sich schließlich in dem Austritts-Stutzen C. Auf diesem ganzen Wege von B bis C sind die Rohrschlangen von den von der Rauchkammer nach dem Rauchfang durch die Rauchrohre ziehenden heißen Gasen umgeben, so daß alle in dem nassen Dampf enthaltenen Wasserteilchen ebenfalls noch in Dampf überführt werden. Der sich im Austritts-Sammelstutzen C sammelnde Dampf ist nun frei von allen Wasserteilchen und hat eine höhere Temperatur angenommen, als er beim Austritt aus dem Kessel durch das Absperrventil A hatte.

Vom Sammelstutzen C gelangt der überhitzte Dampf nunmehr in gleicher Weise wie nasser Dampf zur Maschine.

Eine Spannungsänderung erleidet der Dampf während des ganzen Trocknungs- und Überhitzungsvorganges nicht. Die Dampfspannung in dem Rohrsystem D ist die gleiche wie im Kessel. Ein Sicherheitsventil E sorgt dafür, daß keine Druckerhöhung durch angesammeltes und durch die Einwirkung der Heizgase verdampftes Wasser stattfinden kann. An dem Thermometer F kann die Temperatur des überhitzten Dampfes abgelesen werden, die bei Zylinderkesseln zwischen 250° und 350° schwankt.

Inbetriebnahme der Überhitzer. Bei dem Anheizen der Kessel muß vorsichtig verfahren werden, da sonst die Rohrschlangen der Überhitzer leicht leiden können. Vor dem Anheizen des Kessels sind das Dampfabsperrventil A zum Überhitzer und das Rußbläserventil G am Überhitzer oder die Abblaseventile zu öffnen, damit die dem Kessel entweichende Luft im Überhitzer umläuft und so eine Abkühlung der Rohrschlangen herbeiführt. Beginnt sich Dampf zu entwickeln, so ist das Rußabblaseventil am Überhitzer zu schließen, der Dampf durch den Überhitzer zu leiten und zum Anwärmen der Rohrleitung und Zylinder, gegebenenfalls auch zum Betrieb von Hilfsmaschinen auszunutzen. Bei ganz ausgeschaltetem Überhitzer sind die Abblaseventile desselben stets offen zu halten.

Reinigung. Da bei starker Rußablagerung die Heißdampftemperatur erheblich sinkt, so sind die Überhitzerrohre von Zeit zu Zeit durch Abblasen mittels Heißdampfes zu reinigen. Zu diesem Zwecke schraubt man an das Rußbläserventil G des Überhitzers einen Metallschlauch, öffnet das Ventil und läßt durch den am Metallschlauch befindlichen Abblasekopf zunächst die Rohrwand abblasen. Dann wird der Kopf kurz in jedes Heizrohr eingeführt. Das Rohrfegen muß möglichst schnell ausgeführt werden. Die Zeitdauer der Wiederholung des Abblasens der Rohre richtet sich nach dem Verschmutzen derselben und muß nach der jeweiligen Kohlensorte ausprobiert werden. Eine rasche Verschmutzung durch rußende Kohle entsteht mitunter dadurch, daß der größte Teil der Heizgase sich durch die freien Rohre zwängt und der restliche Teil mit verminderter Geschwindigkeit den Überhitzer bestreicht und so dem mitgeführten Ruß bzw. der Flugasche Gelegenheit gibt, sich abzusetzen. Es empfiehlt sich, zur Verengung des Querschnittes der freien Rohre sogenannte Blindschlangen einzuführen.

Wenn hinter der Rückwand des Kessels genügend Platz vorhanden ist, geschieht das Reinigen der Rohre praktischer vermittels eines besonderen Fegeapparates. Dieser wird in einem Rohrstück, das statt eines Stehbolzen in der Rückwand des Kessels und der hinteren Rauchkammerwand angebracht ist, gelagert. Zum Ingangsetzen des Apparates ist das Dampfventil langsam zu öffnen, damit sich die Fegedüse langsam in die hintere Rauchkammer hineinschiebt. Der Dampf tritt durch die Düse in die hintere Rauchkammer. Durch Drehen einer an der Fegedüse befindlichen Kurbel wird eine eng gewundene Spirale vom kleinsten bis zum größten Durchmesser der Rohrwand beschrieben und hierdurch eine Reinigung sämtlicher Rohre bewirkt.

Bevor der Fegeapparat in Tätigkeit gesetzt wird, sind die Feuertüren zu schließen und vor allen Dingen die Dampfzuleitungsrohre zum Apparat gut zu entwässern, weil sonst Wasser in die Rohre tritt und dieses in Verbindung mit der Flugasche die Rohre verstopft. Zu vermeiden ist das Fegen gleich nach dem Beschicken der Feuer.

Ist die Reinigung beendet und das Dampfventil geschlossen, dann schnellt die Fegedüse durch den Druck der außen liegenden Spiralfeder zurück und lagert sich wieder im Rohrstück.

Aufgeschnittener Dampfkessel

Abb. 40

II. Teil
Die Schiffsmaschinen

Allgemeines

Nach Art der Wirkungsweise des Dampfes teilt man die Schiffsmaschinen in Kolbendampfmaschinen und Dampfturbinen ein. Kolbenmaschinen kommen für kleinere und mittlere Leistungen, Dampfturbinen im allgemeinen für Leistungen über 6000 PS zur Verwendung. Der großen Wirtschaftlichkeit wegen werden Kolbenmaschinen auch mit Abdampfturbinen vereinigt.

A. Kolbendampfmaschinen

Die Kolbendampfmaschinen besitzen der größeren Manövrierfähigkeit und des gleichmäßigen Ganges wegen meistens zwei oder drei Dampfzylinder. Wenn zwei Zylinder vorhanden sind, stehen die Kurbeln meistens in einem Winkel von 120° zueinander, so daß der Dampf in dem einen Zylinder seine Kraft in der günstigsten Weise auf die Welle überträgt, wenn er im anderen am wenigsten wirksam ist.

Einteilung der Kolbendampfmaschinen

Die Schiffsmaschinen kann man nach Art ihrer Treibvorrichtung einteilen in:

Schraubenschiffsmaschinen, wenn das Schiff mittels Schraube getrieben wird,

Räderschiffsmaschinen, wenn das Schiff mittels Schaufelrad getrieben wird.

Nach Art der Verwendung des Dampfes unterscheidet man Auspuffmaschinen, wenn der verbrauchte Dampf sofort in die Atmosphäre entweicht, Kondensationsmaschinen, wenn der verbrauchte Dampf kondensiert wird; sodann

einfache Expansionsmaschinen, wenn der Dampf nur in einem Zylinder expandiert,

zweifache Expansionsmaschinen oder Verbundmaschinen (Hoch- und Niederdruckzylinder), wenn derselbe Dampf stufenweise nacheinander in zwei Zylindern expandiert, dreifache Expansionsmaschinen, wenn der Dampf stufenweise nacheinander in drei Zylindern expandiert.

Die Kolbenmaschinen zum Antrieb der Schrauben sind durchweg stehende Maschinen, (Tafel I, Abb. 63). Die Dampfzylinder stehen oben, während die Kurbelwellen unten liegen. Diese Anordnung hat folgende Vorzüge:

1. Die Abnutzung der Zylinder ist durch das freie Schweben des Kolbens nur gering, und der Zylinder bleibt besser rund, als bei liegender Anordnung.
2. Alle sich bewegenden Teile können mit Leichtigkeit übersehen, geprüft und ausgebessert werden.

Die Räderschiffsmaschinen sind schrägliegende Maschinen. Sie unterscheiden sich von denen der Schraubendampfer dadurch, daß bei ihnen die Zylinder unten und die Kurbel oben liegen.

Die einfachen Expansionsmaschinen haben gewöhnlich zwei Dampfzylinder mit gleichem Durchmesser; beide erhalten frischen Kesseldampf. Der verbrauchte Dampf tritt aus dem Zylinder in den Vorwärmer, in welchem er das Speisewasser anwärmt, und von dort zur Vermehrung des Zuges durch den Schornstein in die Atmosphäre.

Die **zweifachen Expansionsmaschinen** (Hoch- und Niederdruckmaschinen), auch Verbundmaschinen genannt, haben immer zwei Zylinder, einen Hochdruckzylinder, der frischen Kesseldampf, und einen größeren Niederdruckzylinder, der Dampf aus dem Hochdruckzylinder erhält; der Dampf expandiert also einmal im Hochdruckzylinder und dann noch einmal im Niederdruckzylinder. Da er beim Eintritt in diesen nur noch wenig Spannung besitzt, so muß der Niederdruckkolben eine viel größere Fläche haben als der Hochdruckkolben, damit die in den Zylindern geleistete Arbeit gleich groß ist.

Die Vorteile dieser Maschinen gegenüber den einfachen Expansionsmaschinen bestehen hauptsächlich in dem geringeren Dampf- und mithin geringeren Kohlenverbrauch. Die Kohlenersparnis beträgt bis zu 30% gegenüber der einfachen Expansionsmaschine.

Zum besseren Anspringen der Hoch- und Niederdruckmaschinen **ohne** Kondensation wendet man Einlaßschieber an, die so eingerichtet sind, daß sie bei geringer Öffnung sowohl dem Hoch- als auch dem Niederdruckzylinder Dampf zuströmen lassen. Wird der Schieber mehr geöffnet, so wird der zum Niederdruckschieberkasten führende Kanal geschlossen und der zum Hochdruckschieberkasten führende weiter geöffnet. Durch diese einfache Ein-

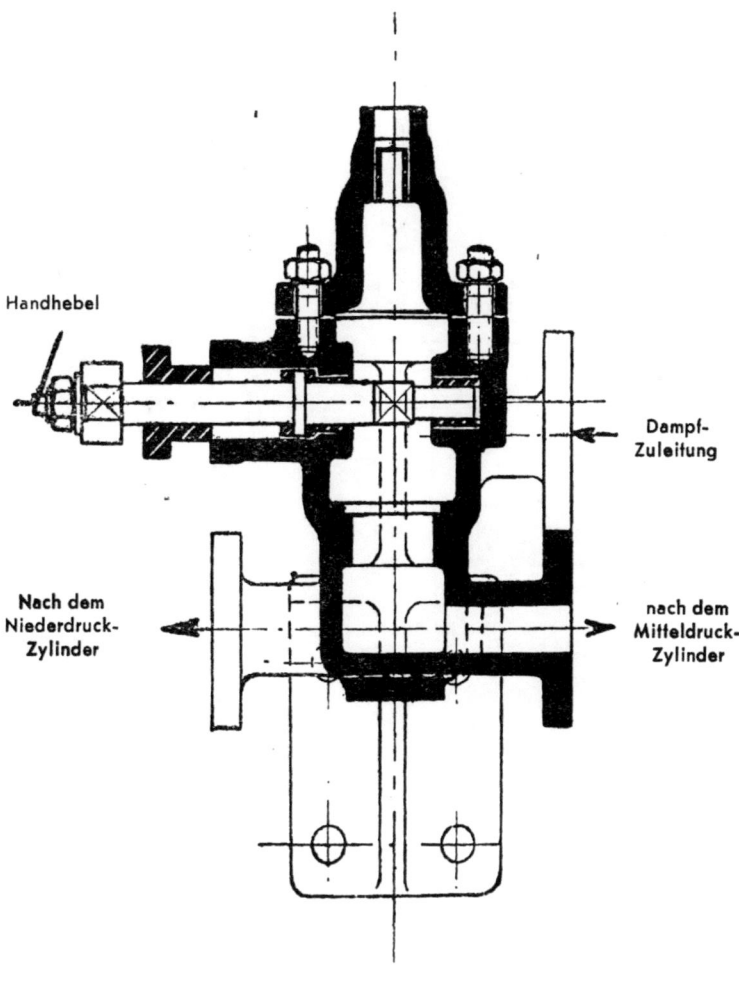

Abb. 41

richtung besitzt die Hoch- und Niederdruckmaschine ohne Kondensation dieselbe Manövrierfähigkeit wie die Zylinderhochdruckmaschine. (Abb. 41)

Die Mehrfachexpansionsmaschine **mit** Kondensation springt, wenn keine Luftleere vorhanden, nur dann an, wenn der Schieber für den Hochdruckkolben so steht, daß der Einströmungskanal geöffnet ist. Der Dampf wird dem Hochdruckzylinder durch ein Manövrierventil zugeführt, das bei kleinen Maschinen ein gewöhnliches Ventil, bei größeren ein Drehschieber oder Doppelsitzventil ist. Bei ungünstiger Stellung des Hochdruckkolbens muß zum besseren Manövrieren der vom Kessel kommende Dampf nach dem Niederdruckzylinder (bei dreifachen Expansionsmaschinen nach dem Mittel- oder Niederdruckzylinder) geleitet werden können. Es sind deshalb Hilfsschieber oder Hilfsventile angebracht. Abb. 42 stellt ein Hilfsventil dar, bei dem der Dampf beim Umlegen eines Handhebels durch ein Federventil mittels Daumenwelle zum Nieder-

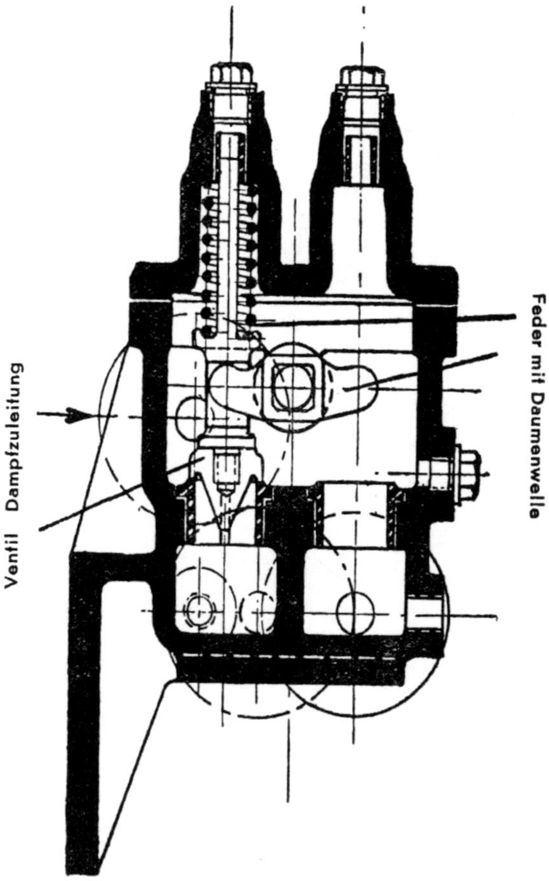

Abb. 42

Ventil Dampfzuleitung

Feder mit Daumenwelle

druck- oder Mitteldruckzylinder geleitet wird. Da die Maschinisten mit der Zeit eine sehr große Fertigkeit in der Handhabung der Hilfsschieber erlangen, kommt die Manövrierfähigkeit dieser Maschinen derjenigen der Zweizylinderhochdruckmaschinen nahezu gleich. Der im Niederdruckzylinder verbrauchte Dampf tritt in den Kondensator.

Um die durch die Hoch- und Niederdruckmaschine erzielte Wirtschaftlichkeit noch mehr zu vergrößern, erhöht man die Dampfspannung und läßt den Dampf anstatt in zwei in drei aufeinander folgenden Zylindern expandieren. Es ist zu diesem Zwecke den beiden Zylindern der Hoch- und Niederdruckmaschine noch ein kleiner Zylinder hinzugefügt. Der Dampf tritt mit hoher Spannung zuerst in den kleinen Hochdruckzylinder, dann in den Mitteldruckzylinder und aus diesem in den Niederdruckzylinder. Diese Maschinen, **dreifache Expansionsmaschinen** genannt, finden auf größeren Seedampfschiffen ausschließlich Anwendung und haben die Hoch- und Niederdruckmaschinen von diesen ganz verdrängt.

Die dreifachen Expansionsmaschinen arbeiten fast stets mit Kondensation, auch wenn sie auf Flußschiffen aufgestellt sind. Ihre Anfangsspannung beträgt 14—16 Atmosphären.

Neuerdings werden vielfach zwei einfache Verbundmaschinen verwendet, welche auf eine gemeinsame Kurbelwelle arbeiten, bei denen aber die Kurbeln der zugehörigen Zylinder um 180° versetzt sind. Diese Maschinen sind mit Ventilsteuerung oder mit Kolbenschieber versehen.

Der Weg und die Arbeit des Dampfes

Der aus dem Kessel durch die Dampfrohrleitung zugeführte Dampf tritt, nachdem er das Absperrventil des Dampfrohrs oder das Manövrierventil passiert hat, in den Schieberkasten; in diesem befindet sich der Schieber. Durch Vermittlung des Schiebers tritt der Dampf bald durch den einen, bald durch den anderen Einströmungskanal in den Zylinder und bewegt den Kolben. Sobald der Dampf auf einer Seite des Kolbens durch den Einströmungskanal eintritt, entweicht auf der anderen Seite der bereits verbrauchte Dampf aus dem anderen Einströmungs- in den Ausströmungskanal. Die Verbindung zwischen den Einströmungskanälen und dem Ausströmungskanal wird wechselweise durch die Höhlung des Schiebers hergestellt. Steht z. B. die Kurbel im toten Punkt oben, so tritt der Dampf, ganz gleich ob die Maschine vorwärts oder rückwärts geht, durch den oberen Einströmungskanal in den Zylinder ein, drückt den Kolben nach unten und entweicht dann beim Aufwärtsgehen desselben wieder durch den Kanal, durch den er eingeströmt ist.

Bei Hoch- und Niederdruckmaschinen mit Kondensation tritt der ausströmende Dampf aus dem ersten, dem Hochdruckzylinder, durch die Höhlung des Schiebers in den Receiver und von diesem in den Niederdruckzylinder, verrichtet hier dieselbe Arbeit wie im ersten und wird durch den Ausströmungskanal in den Kondensator geleitet, in welchem er durch Abkühlung niedergeschlagen (kondensiert) wird. Dieser zu Wasser gewordene Dampf wird durch die Luftpumpe aus dem Kondensator in den Ausgußraum (Zisterne) befördert. Von hier entnehmen die Speisepumpen das für die Speisung der Kessel erforderliche Wasser.

Bei Hoch- und Niederdruckmaschinen **ohne** Kondensation tritt der Dampf vom Niederdruckzylinder zur Vermehrung des Zuges durch den Schornstein in die Atmosphäre.

Die Kolbenmaschine besteht aus folgenden Hauptteilen:
1. den Dampfzylindern mit Kolben,
2. der Umsteuerung,
3. den übertragenden Maschinenteilen,
4. dem Kondensator.

1. Der Dampfzylinder mit dem Kolben

Auf seinem Wege zum Zylinder strömt der Dampf durch das Hauptdampfrohr und die Absperrvorrichtung. Das Hauptdampfrohr ist nahtlos aus Flußstahl oder Kupfer hergestellt. Rohre von größerem Durchmesser, die aus Kupfer hergestellt sind, müssen zum Schutz gegen Aufreißen mit Stahldraht umwickelt sein. Für hohen Druck und überhitzten Dampf kommen Kupferrohre nicht in Betracht. Um ein Abkühlen des Dampfes zu verhindern, wird das Hauptdampfrohr mit Kieselgur bekleidet und mit Gaze umwickelt. Am tiefsten Teile ist ein Abflußhahn zum Abblasen des Kondensationswassers angebracht.

Die Absperrvorrichtung wird vom Maschinistenstande aus bedient, um den Dampfzufluß zur Maschine für langsamere bzw. schnellere Gangart zu regeln. Zur Absperrung dienen entweder Ventile oder Schieber.

Der Dampfzylinder ist ein hohler, gußeiserner, genau zylindrisch ausgebohrter Körper und dazu bestimmt, die Spannkraft des Dampfes in Arbeit umzusetzen. Seine Endöffnungen sind entweder beide mit einem Deckel verschraubt, oder die der Kurbelwelle zugewendete Seite ist mit dem Körper selbst aus einem Stück gegossen. In Abb. 43 ist die Zylinderanordnung für eine Hoch- und Niederdruckmaschine dargestellt. Der Zylinder ist an der Seite, an der sich die Gleitfläche des Schiebers befindet, verstärkt; hier befinden sich die Öffnungen für den Ein- und Austritt des Dampfes. Diese Öffnungen, Dampfkanäle genannt, sind von rechteckigem Querschnitt und durchziehen die verstärkte Zylinderwand bis zu den beiden Enden des Zylinders. Die mittlere Öffnung bezeichnet man mit dem Namen „Ausströmungsöffnung"; aus ihr entweicht der verbrauchte Dampf. Die Länge des Zylinders setzt sich zusammen aus dem doppelten Radius der Kurbel (Kolbenhub), der Dicke des Kolbens und dem Spielraum für diesen zwischen den Deckeln. Diesen Spielraum und die Dampfkanäle nennt man den schädlichen Raum des Zylinders.

Um die Abkühlung möglichst zu verhindern, werden die Zylinder mit einer Bekleidung umgeben. Größere Zylinder umgibt man außerdem häufig noch mit einem Dampfmantel. Dieser wird entweder mit dem Zylinder aus einem Stück gegossen, oder man setzt den Arbeitszylinder später ein. Der Mantel umgibt den Zylinder in einer gewissen Entfernung; es entsteht also zwischen beiden ein Hohlraum, in welchen man Dampf einströmen läßt. Dadurch wird der Zylinder geheizt; der arbeitende Dampf braucht daher an die Zylinderwände keine Wärme abzugeben, kondensiert also auch nicht im Zylinder. Da der Dampf im Mantel jedoch allmählich kondensiert, so muß das Wasser von Zeit zu Zeit abgelassen werden.

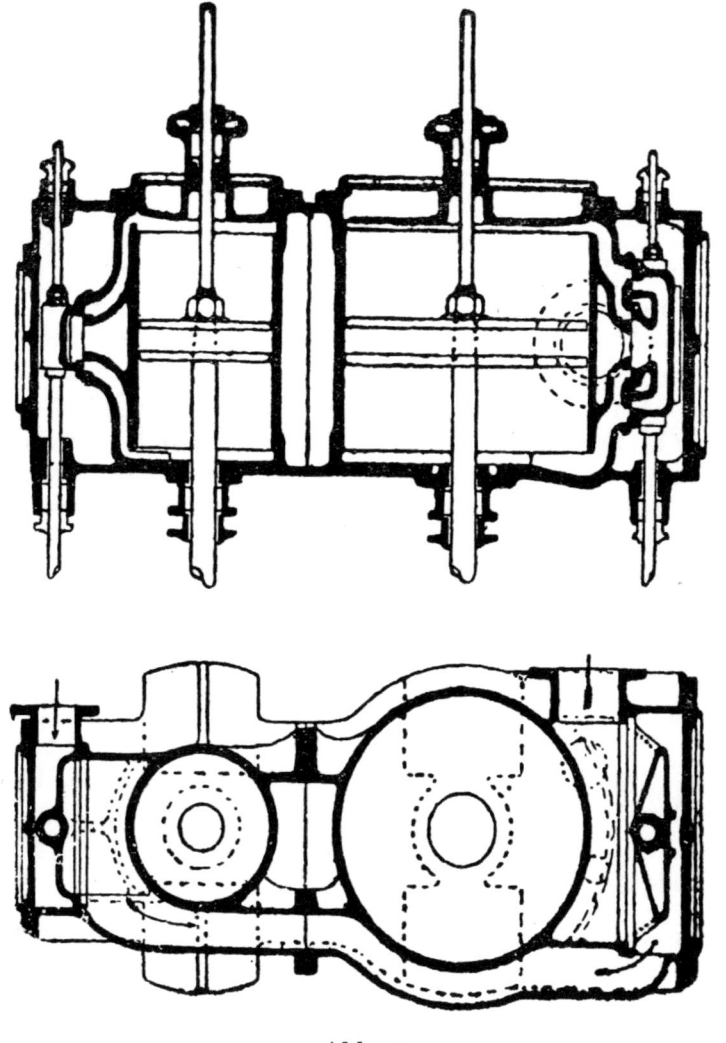

Abb. 43

In dem Zylinder bewegt sich der **Dampfkolben**. Er ist ein flacher Körper, dessen Durchmesser etwas geringer als der des inneren Zylinders ist. Entweder ist er aus

Gußeisen mit doppelter Wandung (Abb. 44a) oder einwandig aus Stahlguß hergestellt (Abb. 44b). In leichter Bauart werden die Kolben aus Stahl geschmiedet. Bei kleineren Abmessungen z. B. für Hilfsmaschinen werden die Kolben auch zweiteilig mit Deckel ausgeführt.

Zur Abdichtung zwischen Kolben und Zylinderwand dienen die Kolbenringe. Jetzt werden meistens selbstspannende Ringe verwendet (Abb. 44b), deren drei bis

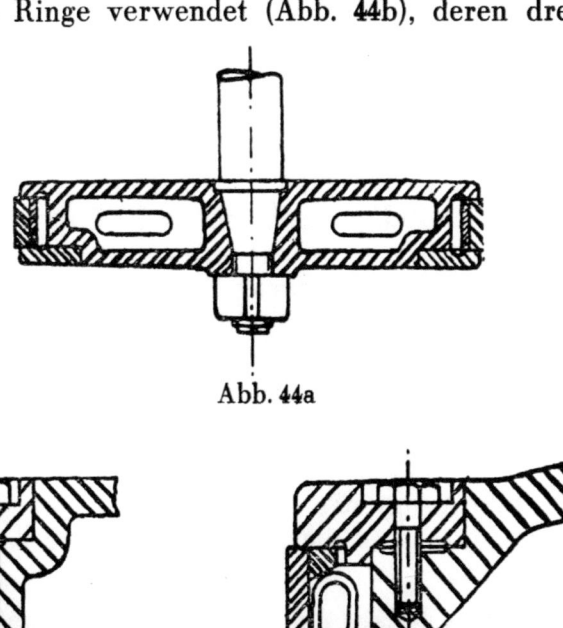

Abb. 44a

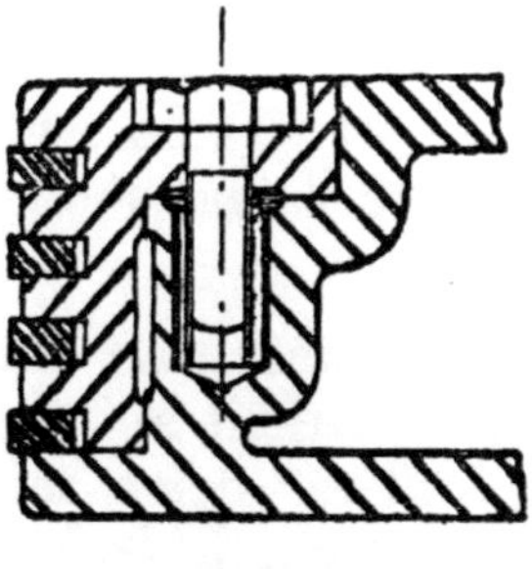

Abb. 44b Abb. 44c

vier im Kolbenkörper angeordnet sind. Als Werkstoff für die Kolbenringe hat sich ein feinkörniges, hartes Gußeisen (Perlitguß) am geeignetsten erwiesen. Dieser Werkstoff besitzt große Festigkeit, hohe Elastizität und läßt sich an den Laufflächen hochwertig schleifen. Um Gewähr für einen gleichmäßigen Werkstoff zu haben, werden die Kolbenringe nicht mehr aus Rohrstücken abgestochen, sondern als Einzelringe mit geringen Bearbeitungszulagen gegossen. Aus dem vorbearbeiteten Ring wird ein kleines Stück herausgeschnitten, der Ring zusammengespannt und dann fertig bearbeitet. Der Kolbenringstoß, die Schnittfläche, ist meist schräg oder überlappt. Die Stöße der einzelnen Ringe sollen im Kolben gegeneinander versetzt sein, ihre Lage wird zum Teil durch Stifte gesichert.

Es kommen auch Kolbenringe mit zusätzlichen Spannungsfedern zur Verwendung. Ein breiter oder zwei nebeneinander liegende gußeiserne Ringe werden durch einen breiten, federnden Stahlring, bei den Buckley-Kolbenringen durch Spiralfedern gegen die Zylinderwand gedrückt (Abb. 44 a bzw. c).

Die richtige Beschaffernheit der Kolbenringe ist für den Verbrauch von Zylinderschmieröl und für die Abnutzung wesentlich. Den Durchmesser des Kolbenringes bestimmt man nach der Zylinderbohrung und wählt den Ring, der auf diesen Durchmesser mit dem erforderlichen Stoßspiel geschliffen ist, welches im Zylinder etwa 2 bis höchstens 4 mm betragen soll. Findet man keinen passenden Ring. so wählt man den nächst größeren und befeilt vorsichtig die Stoßstelle. Die Breite des Kolbenringes ist so zu wählen, daß der Ring in der Nut mit leichtem Schiebesitz paßt, d. h. mittels eines Hammerstieles verschiebbar ist.

Die Bewegung des Kolbens wird außerhalb des Zylinders durch die am Kolben befestigte Kolbenstange fortgepflanzt.

Die **Kolbenstange**, aus Stahl gefertigt, überträgt die vom Dampf auf den Kolben übertragene Arbeit auf die Pleuelstange. Die Kolbenstange muß äußerst sicher mit dem Dampfkolben verbunden sein, damit ein Losgehen derselben nicht zu befürchten ist. Meistens ist sie wie folgt befestigt: Die Kolbenstange wird am Ende konisch gedreht und in einen entsprechenden Konus des Kolbenkörpers eingepaßt. Das durchtretende Ende derselben ist mit Gewinde versehen, auf welchem eine Mutter befestigt ist, die durch einen Splint am Zurückdrehen verhindert wird.

Früher ließ man die Kolbenstange meistens ebenfalls durch den oberen Deckel hindurchgehen; in neuerer Zeit ist dies nur bei dem Hochdruckzylinder beibehalten.

Die Dichtung der Kolbenstange sowie aller die Wandung eines dampfdicht geschlossenen Raumes durchdringenden Stangen wird durch Stopfbüchsen hergestellt.

Die **Stopfbüchse**, das ist der Raum, der das Dichtungsmittel und die zum Niederschrauben desselben dienende Stopfbüchsbrille aufzunehmen hat, umgibt die abzudichtende Stange ringsum und ist an der dem Dampfe zugekehrten Seite durch die sogenannte Grundbüchse, die sehr sauber die abzudichtende Stange umfaßt, verschlossen. Sie wird, sofern die hindurchtretenden Stangen mit Dampf in Berührung kommen, mit Tucks- und Metallpackung versehen, während für die mit Wasser in Berührung kommenden Stangen auch wohl viereckige Flechten aus Hanf oder Baumwolle, die in Talg getränkt sind, in Anwendung gebracht werden. Vor dem Verpacken sind die Stopfbüchsen gut zu reinigen und die Muttern der zum Anziehen der Stopfbüchsbrille dienenden Schrauben gangbar zu machen. Die Hanf- oder Baumwollpackung, deren Enden man stumpf zusammenstoßen läßt oder bei Tuckspackung schräg übereinander legt, wird gut mit einem Hammer und hölzernem Packungstreiber in die Stopfbüchse hineingetrieben. Auf die erste Flechte (Ring) wird dann eine zweite in der angegebenen Weise so aufgelegt, daß der Stoß derselben dem vorhergehenden gegenüber zu liegen kommt. So fährt man fort, bis die Stopfbüchse voll ist. Zum Zusammenpressen der Packung dient die schon erwähnte Stopfbüchsbrille, die zum Teil in die Stopfbüchse mit hereintritt. Besonders beim Anschrauben dieser Brille ist darauf zu achten, daß die Muttern gleichmäßig angezogen werden, damit die Packung nicht einseitig gepreßt wird und dadurch eine allzu starke Reibung an der zu dichtenden Stange hervorruft.

Bei Metallpackung muß man sehr vorsichtig mit dem Anziehen sein, weil es leicht vorkommen kann, daß die Packung sich erhitzt und schmilzt. Besser ist es, zu Anfang die Stopfbüchse ein wenig blasen zu lassen. Bei Heißdampf werden Dichtungsringe aus Gußeisen verwendet.

Die Ausrüstung des Zylinders und des Schieberkastens

Zur Ausrüstung des Zylinders und des Schieberkastens gehören außer den nötigen Schmiervorrichtungen noch die

Sicherheitsventile und die Entwässerungshähne. Zum Schmieren der Zylinder wurde früher fast ausschließlich Talg verwendet. Durch die in dem Talg enthaltene Fettsäure wurden aber die Kolben, Schieber und Zylinder oft so stark angegriffen, daß häufige Ausbesserungen vorgenommen werden mußten. Jetzt ist der Talg durch das Mineralöl vollständig verdrängt; dieses wird ausschließlich zum Schmieren der Zylinder und Schieber benutzt.

Als **Schmiervorrichtungen** dienen entweder Ölvasen, Sammelöler oder Schmierpressen.

Das Öl wird bei den letzten meist in das Dampfrohr gepreßt, damit der Dampf Gelegenheit hat, sich schon vor seinem Eintritt in den Zylinder bis zu einem gewissen Grad zu sättigen. Am meisten finden die Schmierpressen Anwendung (Abb. 45).

Sie bestehen aus folgenden Teilen: B ist ein gußeiserner Ölbehälter, in dem sich ein metallener Kolben A bewegt, der mittels Stopfbüchse oben abgedichtet wird. Der Hebel N wird von der Dampfmaschine aus hin und her bewegt. Die Klinken im Reibungsrad E schalten dabei, je nach der Einstellung der Angriffsöse am Hebel N, das Reibungsrad je Hub um ein kleineres oder größeres Stück vorwärts und drehen dabei das Schneckenrad G. Ist nun das Schneckenrad G durch Anziehen der auf der Feder M sitzenden Flügelmutter mit der Schraubenspindel verbunden, so wird der Kolben A langsam heruntergetrieben.

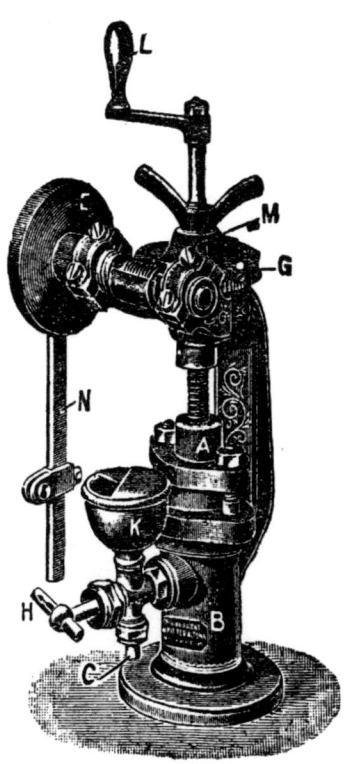

Abb. 45

Die als Reibungskupplung wirkende Feder M dient gleichzeitig als Sicherheit gegen Beschädigung eines Teiles des Apparates. Stößt der Kolben auf den Boden oder wird der Druck in der Leitung zu hoch, dann schleift die Feder auf dem Schneckenrande und der Kolben steht still.

Unter dem Druck des niedergehenden Kolbens A wird das Öl durch das Verbindungsrohr C in das Dampfrohr gepreßt, so daß der Abschluß unter allen Umständen sicher ist.

Das Füllen des Apparates erfolgt, wenn der Kolben A ganz heruntergetrieben ist, in der Weise, daß der Ausflußhahn H geschlossen, d. h. der Wirbel mit dem Pfeil nach oben gestellt und die über der Feder M sitzende Flügelmutter gelöst ist. Das Öl wird in den Fülltrichter K gegossen und der Kolben am Handgriff der Kurbel langsam in die Höhe geschraubt. Das Öl wird infolgedessen in den Behälter hineingesogen. Um den Eintritt von Luft zu verhindern, muß man darauf achten, daß im Fülltrichter bis zur vollständigen Füllung des Behälters stets Öl steht. In besonderen Fällen kann dem Dampfe auch abwechselnd in jedem Augenblicke beliebig viel mehr Öl während des Ganges der Maschine zugetrieben werden, als mit der Angriffsöse für den üblichen Bedarf festgestellt worden ist. Man löst zu diesem Zwecke die Flügelmutter, dreht die Kurbel L ein- oder mehreremal mit der Hand herum und schraubt die Mutter wieder fest.

Die Sicherheitsventile der Zylinder gewähren dem durch Überkochen der Kessel oder durch Kondensation des Dampfes in die Zylinder oder Schieberkasten gelangenden Wasser einen Austritt, wodurch diese weniger Gefahr laufen, beschädigt zu werden.

Die Sicherheitsventile sind gewöhnliche Kegelventile, die durch Federn etwas höher als der höchste Druck des eintretenden Dampfes im Zylinder beträgt, belastet werden und sowohl im Boden als auch am Deckel des Zylinders angebracht sind.

Die Ausblasehähne sind bei stehenden Maschinen meistens nur am Boden des Zylinders angebracht und werden beim Anwärmen der Maschine zur Entfernung des sich im Zylinder bildenden Kondensationswassers geöffnet.

2. Die Steuerung

Die Steuerung bewirkt den rechtzeitigen Wechsel der Einströmung des frischen Dampfes in den Zylinder und der Ausströmung des verbrauchten Dampfes aus ihm. Sie muß bei Schiffsmaschinen so eingerichtet sein, daß sie nicht nur den Vorwärts-, sondern auch den Rückwärtsgang regelt. Man nennt sie deshalb Umsteuerung.

Man unterscheidet **innere** und **äußere** Steuerung.

Zur äußeren Steuerung gehören die Bewegungsteile der Schieber (Exzenter mit Bügel, Exzenterstangen, Kulisse und Schieberstange), zur inneren Steuerung die Schieber selbst.

Äußere Steuerung (Abb. 46 a und b)

Die Bewegung des Schiebers wird durch das Exzenter hervorgebracht. Dieses ist eine Art versteckte Kurbel, dessen Wirkung und Bewegung aber genau die einer Kurbel sind. Den halben Hub, d. i. die Entfernung der Mitte der Welle von der Mitte der Exzenterscheibe, nennt man die Exzentrizität. Die Exzenterscheiben werden meistens aus Gußeisen angefertigt und auf der Kurbelwelle festgekeilt; sofern sie zwischen den Kurbeln angebracht werden, sind sie aus zwei Hälften angefertigt, die durch Zusammenschrauben oder durch Anzugkeile auf der Kurbelwelle zu einer vollen Scheibe vereinigt werden. Der Exzenterbügel, der aus Bronze oder aus Stahlguß mit Weißmetallfütterung angefertigt ist, besteht ebenfalls aus zwei Hälften und umfaßt das Exzenter.

Den Bügel auf den Exzenterscheiben schützt man gegen seitliche Bewegung dadurch, daß man

1. die Exzenterscheibe innen vertieft und ihre vorstehenden Ränder in Eindrehungen des Exzenterbügels eingreifen läßt, oder
2. an der Exzenterscheibe in der Mitte ihres Umfanges einen vorstehenden Ring anbringt, den die Exzenterbügel umschließen, oder
3. den Rand der Exzenterscheibe keilförmig macht und die Exzenterbügel dann mit einer entsprechenden keilförmigen Vertiefung versieht.

Die **Exzenterstange** ist entweder mit der einen Hälfte des Exzenterbügels aus einem Stücke hergestellt oder mit ihr verschraubt. Sie besitzt am oberen Ende ein Scharnier, das bei einfachen Steuerungen unmittelbar mit der Schieberstange, bei Umsteuerungen mit dem einen Ende einer Kulisse (einem gebogenen schmiedeeisernen Rahmen) verbunden ist. Die gebräuchlichste und fast auf allen Handelsdampfern in Anwendung gebrachte Umsteuerung

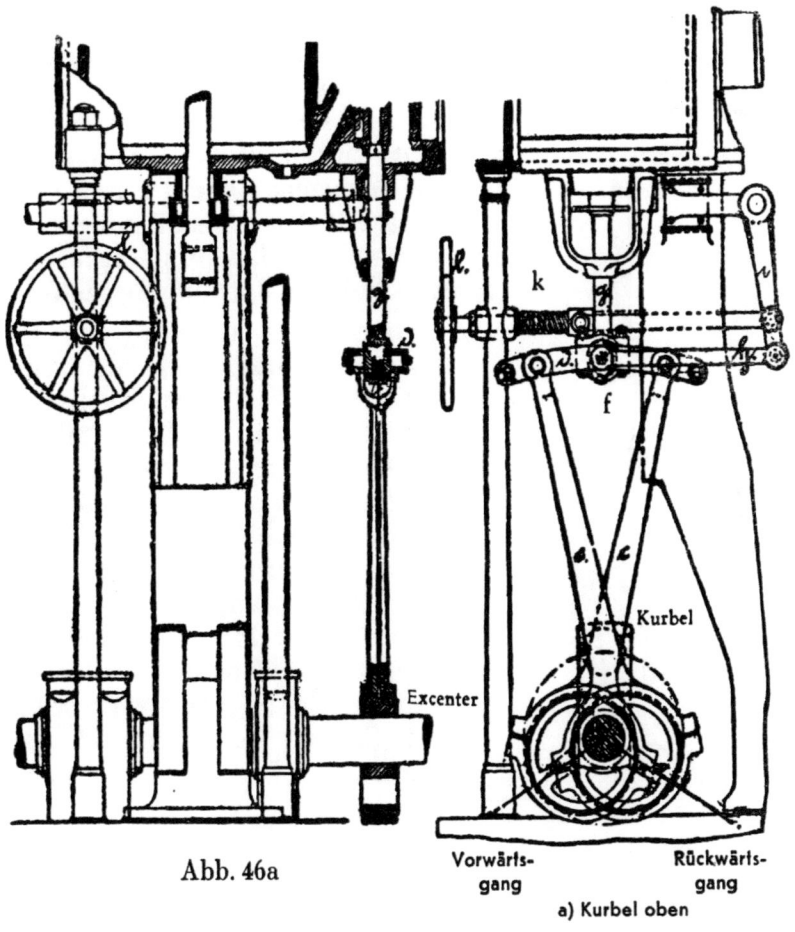

Abb. 46a

a) Kurbel oben

ist die von Stephenson (Abb. 46a und b). Die Krümmung der Kulisse dieser Steuerung ist nach einem Kreisbogen ausgeführt, dessen Halbmesser gleich der Länge der Exzenterstange ist.

Auf der Welle sind zwei Exzenter, von denen das eine für den Vorwärtsgang, das andere für den Rückwärtsgang der Maschine bestimmt ist. Die Stangen c c der beiden Exzenter greifen gelenkartig um die beiden Enden der Kulisse d, in welcher sich der aus Bronze oder Stahl gefertigte Kulissenstein f bewegt. Dieser ist dann seinerseits mit der aus Eisen oder Stahl gefertigten Schieberstange g scharnierartig verbunden. Um die Kulisse bewegen zu können, ist sie in ihrer Mitte mit einem Zapfen versehen, an welchem die Lenkstange h befestigt ist. Diese führt zu dem Hebel i, der mit der Umsteuerungsspindel k und durch diese mit dem Umsteuerungsrade l oder einer Dampfumsteuerungsmaschine in Verbindung steht.

Wird durch Drehung der Umsteuerungsvorrichtung die Stange des Vorwärts- oder Rückwärtsexzenters in e i n e Linie mit der Schieberstange gebracht, so arbeitet die Maschine vorwärts bzw. rückwärts. Fällt hingegen der Mittelpunkt der Kulisse in die Richtung der Schieberstange (Abb. 46a u. b), so steht die Maschine still; der Schieber deckt dann entweder die Kanäle oder öffnet sie so wenig, daß keine Bewegung erfolgen kann.

Innere Steuerung

Der Schieber ist aus Gußeisen gefertigt und bewegt sich dampfdicht auf der Schieberfläche, in der die Ein- und Ausströmungskanäle angebracht sind. Er ist so auf der Schieberstange befestigt, daß er durch den Dampfdruck dicht gegen die Fläche gepreßt

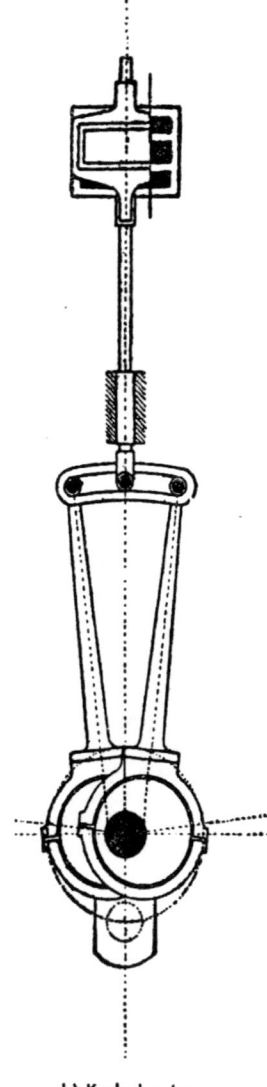

b) Kurbel unten

Abb. 46b

wird. Der Schieber besitzt in seinem Rücken der Länge nach ein ovales Loch oder einen Schlitz, durch den die Schieberstange hindurchgeht.

Die Art der Verbindung des Schiebers mit der Schieberstange ist folgende:
- a) der im Schieberkasten befindliche Teil der Schieberstange ist mit Gewinde versehen und der Schieber oben und unten durch Muttern und Gegenmuttern darauf befestigt;
- b) die Schieberstange besitzt auf dem im Schieberkasten befindlichen unteren Teile einen Bund oder einen auf einem Konus sitzenden Ring. Zwischen diesem und einer Mutter und Gegenmutter ist der Schieber befestigt.

Es ist besonders darauf zu achten, daß sich der Schieber nach der Befestigung auf der Stange zwischen den Muttern etwas bewegen läßt, da er sonst durch den Dampfdruck nicht dicht gegen die Schieberfläche gepreßt werden kann.

Auf dem Rücken des Schiebers ist meistens eine Feder oder eine sonstige Sicherung angebracht, die das Abklappen des Schiebers verhindert.

Schieberfläche und Schieber sind von den Wänden des Schieberkastens umgeben. Dieser hat eine rechteckige Form und ist bei kleineren Zylindern häufig mit diesem zusammengegossen, bei größeren stets an den Zylinder angeschraubt. Der Schieberkasten ist mit einem Deckel versehen, der ein Herausnehmen des Schiebers gestattet. Zur Entfernung des etwaigen Kondensationswassers ist an dem unteren Teile des Schieberkastens ein Entwässerungshahn angebracht.

Die gebräuchlichsten Schieber sind: der einfache Muschelschieber, der Pennsche Schieber und für größere Maschinen mit hoher Spannung der Kolbenschieber.

Der einfache Muschelschieber (Abb. 47) ist ein mit genügend breiten Rändern versehener, kastenförmiger Körper, der vielfach bei kleinen und mittelgroßen Maschinen zur Anwendung gebracht wird.

Der Schieber mit mehreren Eintrittskanälen, Pennscher Schieber (Abb. 48) findet bei allen größeren Schiffsmaschinen Anwendung, weil sonst die einfachen Kanäle auf der Schieberfläche, um die erforderliche Menge Dampf in den Zylinder treten zu lassen, zu große Abmessungen

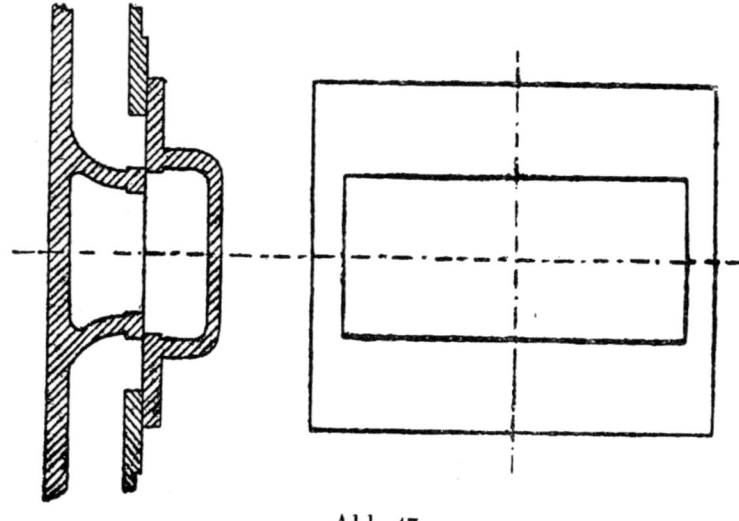

Abb. 47

erhalten würden. Diese Schieber werden häufig zugleich als „entlastete Schieber" ausgeführt, da der auf ihre Rückfläche wirkende Dampfdruck und die hierdurch entstehende Reibung auf die Schieberfläche zu groß ausfällt. Die Entlastung erreicht man dadurch, daß man den Rücken

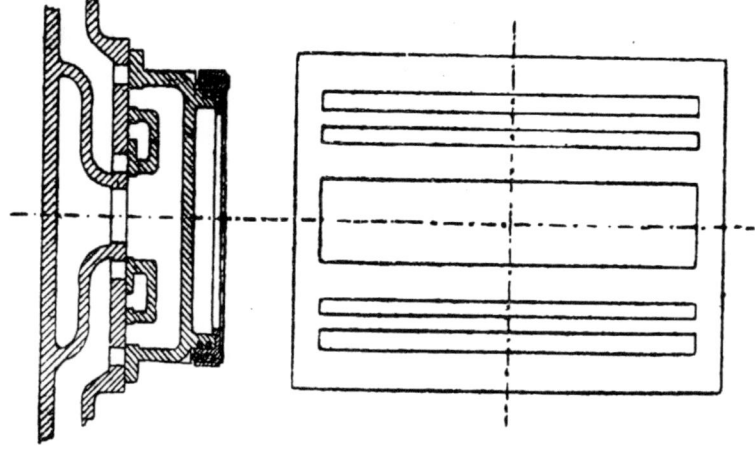

Abb. 48

des Schiebers (Abb. 48) gegen den Schieberkastendeckel abdichtet und ihn so der Einwirkung des frischen Dampfes entzieht. Der hierdurch zwischen Schieberkastendeckel und Schieberrückwand abgeschlossene Raum steht durch ein Rohr mit dem Kondensator in Verbindung. Durch die in diesem befindliche Luftleere wird der Druck des Schiebers auf der Schieberfläche und dadurch die Reibung bedeutend vermindert. Außerdem wendet man Entlastungskolben zur Aufhebung des Gewichtes der Schieber an.

Der Kolbenschieber (Abb. 49) ist ein zu einem Zylinder zusammengerollter Muschelschieber, der aus Gußeisen hergestellt ist und bei mit hoher Dampfspannung arbeitenden Maschinen vielfach angewendet wird.

Die einfachen Kolbenschieber — ohne Ringe — (Abb. 49b) leiden an dem Übelstande, daß sie wegen der allmählich eintretenden Abnutzung auf die Dauer nicht dicht halten. Da nun ein Nacharbeiten an ihnen ausgeschlossen ist, hat man zur Beseitigung dieses Übelstandes die Schieber mit mäßig angespannten Ringen versehen (Abb. 49a).

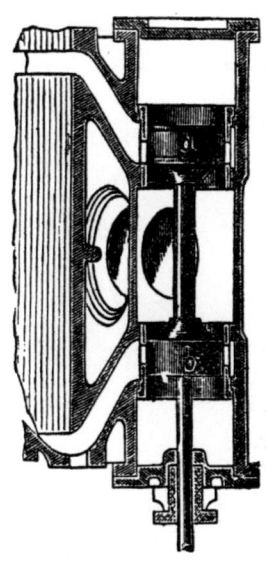

Abb. 49

Die Arbeit des einfachen Schiebers ohne Voreilung

Beim einfachen Muschelschieber ohne Expansion und Kompression (Abb. 50, I, II, III) decken dessen Ränder gerade die äußeren Kanten der Einströmungskanäle und die Höhlung desselben deren innere Wände.

Wenn der Dampfkolben in seiner höchsten Stellung (Abb. 50, I), die Kurbel also im toten Punkt oben steht und im Begriff ist, nach unten zu gehen so ist auch der Schieber im Begriff, den oberen Einströmungskanal zu öffnen und frischen Dampf in den Zylinder einströmen zu lassen. Während der Dampf oberhalb des Kolbens eintritt, muß er auf seiner unteren Seite entweichen können und zu diesem Zwecke der untere Einströmungskanal mit dem Ausströmungskanal in Verbindung treten. Diese Verbindung wird durch die Höhlung des Schiebers hergestellt.

Während des Ganges der Maschine bewegt sich der Schieber anfangs von seiner mittleren Stellung aus in derselben Richtung, wie der Kolben im Zylinder sich bewegt, und zwar solange, bis dieser in der Mitte des Zylinders angekommen ist (Abb. 50, II). Der Schieber muß in dieser Zeit einen solchen Weg zurückgelegt haben, daß der betreffende Dampfeinströmungskanal ganz frei geworden ist.

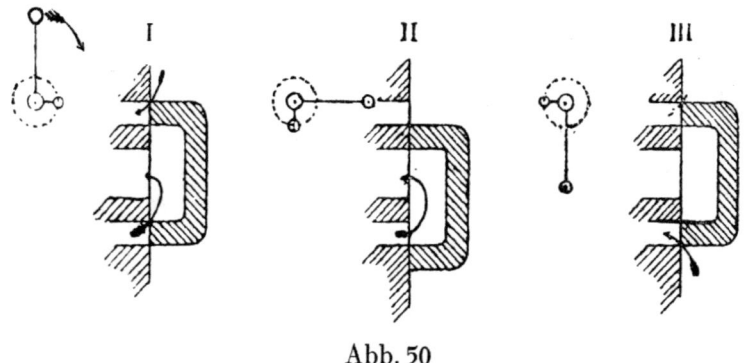

Abb. 50

Während der zweiten Hälfte des Kolbenhubs geht der Schieber denselben Weg, den er in der einen Richtung gemacht hat, wieder zurück; der Schieber hat somit beide Dampfeinströmungen geschlossen, d. h. seine mittlere Stellung wieder erreicht, wenn der Kolben am Ende seines Weges angelangt ist (Abb. 50, III). In dieser, der tiefsten Stellung des Kolbens muß der Schieber beim nächsten Hubwechsel den unteren Einströmungskanal zum Eintritt des Dampfes öffnen und den oberen zum Austritt des Dampfes mit der Höhlung des Schiebers in Verbindung bringen.

Auf der anderen Seite des Kolbens entweicht der Dampf, während der Schieber diese einmalige hin- und hergehende Bewegung gemacht hat, solange durch den anderen Dampfkanal, bis der Schieber wieder seine mittlere Stellung erreicht hat.

Da sich der Schieber, um den Einströmungskanal zu öffnen, bereits wieder in seiner mittleren Stellung befinden mußte, als die Kurbel noch im Anfange des Hubes war, so folgt, daß das Exzenter der Kurbel bei dem einfachen Schieber um einen Winkel von 90° vorauseilen muß.

Da bei dem einfachen Schieber ohne Voreilung der Eintrittskanal auf der einen und der Ausströmungskanal auf der anderen Kolbenseite solange geöffnet bleibt, als der Kolben in Bewegung ist, so tritt während des ganzen Hubes beständig hinter dem Kolben Dampf ein und vor demselben aus. Hierdurch geht eine Menge Dampf verloren. Um nun Dampf zu sparen und seine Ausdehnungskraft auszunutzen, muß man die Dampfeinströmung abschließen, bevor der Kolben seinen Lauf vollendet hat.

Ferner muß man, damit die Maschine möglichst stoßfrei arbeitet und den Dampfkolben elastisch auffängt, die Ausströmungsöffnung etwas vor beendigtem Kolbenhub abschließen.

Damit der eintretende Dampf gleich beim Anfange des Hubes seine volle Wirkung auf den Kolben ausüben kann, muß der Einströmungskanal schon etwas vor beginnendem Hube geöffnet sein. Man nennt diese Voröffnung seine „lineare Voreilung".

Soll der Dampfkolben auf seinem Rückweg bereits eine genügende Luftleere vorfinden und soll der Hubwechsel möglichst sanft vor sich gehen, so muß auf der Dampfseite die Verbindung mit dem Kondensator etwas früher eingeleitet werden, als der Dampfkolben seinen Weg vollenden hat.

Um Vorstehendes zu erreichen, ist es erforderlich, daß sowohl die inneren, als auch die äußeren Schieberränder verlängert werden.

Man nennt die Verlängerung der äußeren Seite „äußere Überlappung", die der inneren Seite „innere Überlappung" oder Überdeckung. Durch die äußere Überlappung schließt der Schieber den Dampfkanal vor beendetem Kolbenhub ab; man erreicht also dadurch die „Expansion" des frischen Dampfes. Durch die innere Überlappung wird der Ausströmungskanal vor beendetem Kolbenhub geschlossen, wodurch eine „Kompression" des gebrauchten Dampfes bewirkt wird.

In Abb. 51 ist ein Muschelschieber, sowie derjenige Teil des Zylinders, der die Mündungen der drei Dampfkanäle enthält, dargestellt. Die beiden Eintrittskanäle a und a^1 sind durch die Stege b und b^1 vom Austrittskanal c geschieden. Der Schieber D steht in seiner mittleren Stellung.

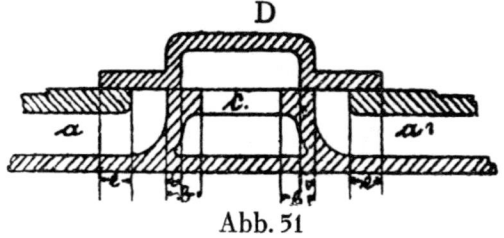

Abb. 51

Die übertretenden Stücke e e sind die äußeren, die Stücke i i die inneren Überlappungen.

Steht die Maschinenkurbel beim einfachen Schieber ohne Überlappung (Abb. 52, I) auf dem toten Punkte, so befindet sich der Schieber in seiner mittleren Stellung und hält den Einströmungskanal eben noch geschlossen. Steht beim Schieber mit Überlappung, aber mit der Exzenterstellung wie vorhin (Abb. 52, II), die Maschinenkurbel auf

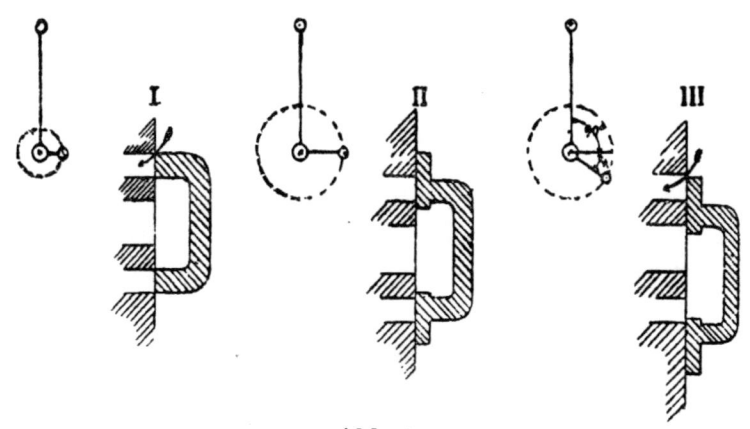

Abb. 52

dem toten Punkte und der Schieber in seiner mittleren Stellung, so läßt er den Dampf nicht eintreten; es hält vielmehr die äußere Überlappung die Einströmungsöffnung zu Anfang des Hubes geschlossen. Da jedoch der Schieber den Dampf eintreten lassen muß, wenn die

Kurbel auf dem toten Punkte steht, so ist das Exzenter auf der Welle um soviel zu versetzen, als die äußere Überlappung und die Voröffnung des Schiebers beträgt. Abb. 52, III zeigt die richtige Stellung des Schiebers beim Eintritt des Dampfes an. Durch die Versetzung des Exzenters um die Länge der äußeren Überlappung und die Voröffnung des Schiebers ist auch der von der Kurbel und dem Exzenter gebildete Winkel von 90° um den Winkel v vergrößert worden. Den Winkel v nennt man den „Voreilungswinkel". Je größer die äußere Überlappung des Schiebers ist, desto größer muß auch der Voreilungswinkel genommen werden, um zu erreichen, daß in der Totstellung des Kolbens der Schieber um etwas mehr als um die Größe seiner äußeren Überlappung bereits aus seiner mittleren Lage verschoben ist.

Eilt z. B. das Exzenter der Maschinenkurbel um 120° voraus, so beträgt der Voreilungswinkel 120 — 90 = 30°.

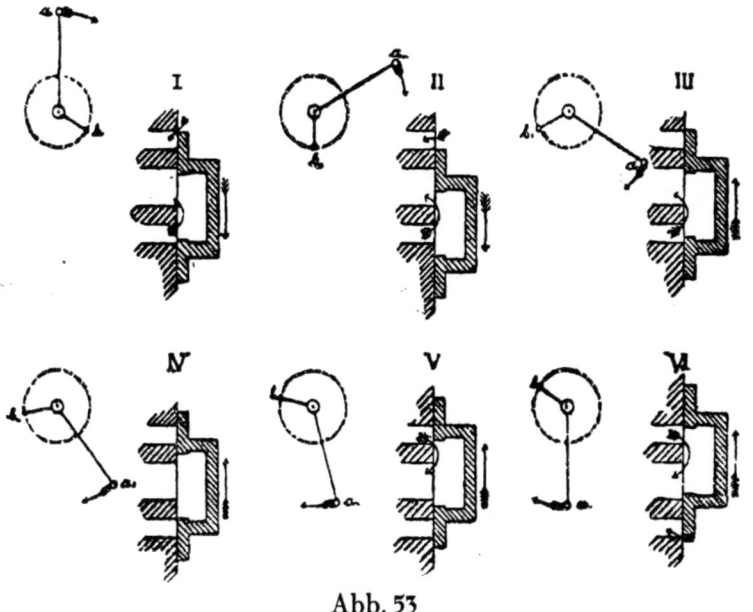

Abb. 53

Die Öffnung des Einströmungskanals (Abb. 53, I) beim toten Punkt der Kurbel heißt die „lineare Voreilung"' oder die „Voröffnung". Die Voröffnung beträgt je nach der Größe der Maschine 1—6 mm. Sie wird bei stehenden

Maschinen unten stets größer als oben angenommen, da die Maschinenteile (Kolben, Pleuelstange, Kurbel usw.) von unten nach oben gehoben werden müssen, während sie von oben nach unten durch das eigene Gewicht niedersinken.

Die Arbeit des Schiebers während eines Kolbenhubes ist in Abb. 53, I—IV dargestellt. Bezeichnet man mit a die Stellung der Maschinenkurbel und mit b die Stellung des Exzenters, so sind die verschiedenen Stellungen wie folgt:

I. Die Kurbel steht im toten Punkt oben. Der Schieber ist wegen des Voreilungswinkels v aus seiner mittleren Stellung verschoben und hat, damit der Dampf im Anfange der Kolbenbewegung schon seine volle Spannung zur Geltung bringen kann, den oberen Einströmungskanal um die Größe der linearen Voreilung geöffnet. Unterhalb des Kolbens strömt der Dampf aus.

II. Das Exzenter steht unten im toten Punkte. Der Schieber hat den Einströmungskanal ganz geöffnet. Die Kurbel steht noch nicht auf dem halben Hub. Unten strömt der Dampf voll aus.

III. Der Schieber geht wieder aufwärts und hat den Einströmungskanal geschlossen. Oberhalb des Kolbens beginnt die Expansionsstufe. Der expandierende Dampf treibt den Kolben noch weiter abwärts. Durch den unteren Kanal entweicht der ausströmende Dampf.

IV. Der Schieber schließt den Ausströmungskanal unten ab, so daß jetzt sowohl der Raum über wie unter dem Kolben ganz abgesperrt ist. Während der Dampf sich oberhalb des Kolbens ausdehnt, wird der unter dem Kolben noch befindliche, bereits verbrauchte Dampf durch den fortschreitenden Dampf zusammengepreßt. Der Dampfkolben wird also elastisch aufgefangen und dadurch ein ruhiger Gang der Maschine erzielt.

V. Der Schieber läßt durch den oberen Einströmungskanal den verbrauchten Dampf bereits entweichen, damit der frische Dampf in dem Augenblicke, wo der Kolben seinen tiefsten Stand erreicht hat und anfängt, sich wieder aufwärts zu bewegen, sogleich seine volle Wirkung auf den Kolben äußern kann, weil der wirksam gewesene Dampf, ohne einen Gegendruck auszuüben, fortsrömt. Der untere Kanal ist noch geschlossen; unterhalb des Kolbens wird der Dampf bis zum Eintritt des frischen Dampfes noch komprimiert.

VI. Die Kurbel steht unten im toten Punkte und hat den unteren Einströmungskanal bereits um die Größe der linearen Voreilung geöffnet. Oben strömt der Dampf aus. Es ist diese Stellung dieselbe für den unteren Zylinderraum wie die Stellung I für den oberen Zylinderraum, und es wiederholen sich die verschiedenen Schieberstellungen in vorstehender Reihenfolge.

Die Gesamtarbeit des Dampfes im Zylinder zerfällt in vier Stufen:
1. Einströmung,
2. Ausdehnung (Expansion),
3. Ausströmung,
4. Verdichtung (Kompression).

In Abb. 53 hat man von
I—III über dem Kolben regelmäßige Einströmung, unter ihm Ausströmung,
III—V über dem Kolben Expansion, unter ihm Ausströmung,
V—VI über dem Kolben Ausströmung, unter ihm Gegendruck (Kompression).

Die beschriebenen Schieber sind bestimmt, die Dampfverteilung über und unter dem Kolben zu regeln; man nennt sie deshalb „Verteilungsschieber". Durch diese lassen sich geringe Füllungsgrade ohne große Nachteile nicht erreichen; denn bei steigender Expansion nimmt die Kompression des Dampfes erheblich zu. Um die Wirkung des Dampfes zu erhöhen und diesen besser ausnutzen zu können, wendet man bei größeren Maschinen zuweilen Expansionsschieber an.

Die Expansionsschieber

Die Expansionsschieber arbeiten meistens auf dem Rücken der Voreilungsschieber und sperren den Dampf ab, wenn der Kolben erst einen geringen Teil seines Weges zurückgelegt hat. Mit der Ausströmung des Dampfes haben diese Schieber nichts zu tun, wirken also durch ihre Bewegung auch nicht unvorteilhaft auf sie.

Der am meisten gebräuchliche Expansionsschieber ist der von Meyer. Dieser wird durch ein besonderes Exzenter bewegt und besteht aus zwei Platten, die sich auf dem Rücken eines Verteilungsschiebers mit zwei Eintrittskanälen bewegen.

Auf dem Rücken der Platten sind Muttern befestigt, von denen die eine mit Rechts-, die andere mit Linksgewinde versehen ist. Die Expansionsschieberstange ist im Schieberkasten mit entsprechendem Gewinde versehen, so daß durch ein Drehen der Expansionsschieberstange es ermöglicht wird, die beiden Platten auch während des Ganges der Maschine auf dem Rücken des Verteilungsschiebers entweder näher zusammen oder weiter auseinander stellen zu können. Werden die Platten näher zusammengestellt, so wird hierdurch die Überdeckung der Durchlaßkanäle im Verteilungsschieber verkleinert und die Füllung des Zylinders vergrößert; werden sie weiter auseinander gestellt, so wird die Überdeckung vergrößert und die Füllung verkleinert. Das Drehen der Expansionsschieberstange geschieht durch ein Handrad, das auf einem Vierkant dieser Stange befestigt ist. Ihre Kupplung mit der zugehörigen Exzenterstange ist derart, daß sie sich in einem besonderen Verbindungsstück frei um ihre Achse drehen kann, in Richtung der Stange aber alle Bewegungen des Exzenters mitmachen muß.

An vielen Maschinen, besonders an den Hoch- und Niederdruckmaschinen sind keine besonderen Expansionsschieber vorhanden; bei diesen werden durch Verschiebung der Kulisse geringere Füllungsänderungen erreicht. Je weiter der Stein von der Mitte der Kulisse entfernt ist, um so größer ist der Schieberhub und somit auch die Füllung; je näher der Stein der Mitte steht, um so geringer ist der Hub und auch die Füllung. Geringere Füllungsgrade als 0,4—0,5 lassen sich aber ohne Nachteile nicht gut anwenden.

Die Umsteuerung von Klug

Außer der Kulissensteuerung von Stephenson findet seit 1876 die Steuerung von Klug, insbesondere für kleinere Schrauben- und Räderschiffsmaschinen, am meisten Anwendung.

Letztgenannte Umsteuerung, dargestellt in Tafel I, Abb. 64, zeichnet sich durch äußerste Einfachheit und leichte Handhabung aus und hat deswegen auch bald einen hervorragenden Rang unter den Umsteuerungen kleinerer und mittelgroßer Schiffsmaschinen eingenommen. Ohne einen besonderen Expansionsschieber zu benötigen, gewährt sie den Vorteil veränderlicher Expansion von ¼ bis ¾ Füllung durch einfaches Überlegen der Steuerung.

Für jeden Zylinder ist nur ein in einer Linie mit der Kurbel liegendes Exzenter (E) vorhanden, dessen kurze Stange (EPS) gleich einem Hebel wirkt, der, in seinem Stütz- und Drehpunkt (P) — in einer Schwinge (PR) hängend — pendelartig hin- und hergehend, sich verschiebt. Der Umkehrzapfen (R) der Schwinge ist eins mit dem Steuerrahmen (RM), dessen Umlegen aus der mittleren oder „Stop"-Stellung nach der einen oder anderen Seite den Gang der Maschine „Vorwärts" oder „Rückwärts" bewirkt, und das mit um so größerer Füllung, je mehr die Steuerung überliegt. Die Kreisbewegung des Exzenters wird bei dieser Steuerung in anderer Weise als bei der Kulisse in die geradlinige Schieberbewegung umgeformt, was sich besonders dadurch vorteilhaft kennzeichnet, daß sich der Schieber rascher in der Mitte und langsamer an den Endpunkten seines Laufes bewegt.

Das Exzenter ist fast immer in einem Stück mit der Kurbelwelle geschmiedet, da seine Stellung — ebenso wie die Schieberüberdeckung und Voreilung — immer dieselbe bleibt, gleichgültig, welche Füllung die Maschine haben soll.

Maschinen bis zu ungefähr 150 indizierten Pferdekräften werden meist mit dem hier abgebildeten Handhebel umgesteuert. Bei größeren Maschinen tritt an dessen Stelle eine Schraubenspindel mit Handkraft oder Dampfkraft.

Die Steuerung wird am bequemsten reguliert, indem man die Kurbel auf ihre Totpunktlagen stellt und die Glieder EP und RP so einstellt, daß sich beim Umlegen der Steuerung überall für Vor- und Rückwärts genügende Voröffnung ergibt.

Das Einstellen des Schiebers

Von der richtigen Stellung des Schiebers ist die Ausnutzung des Dampfes und der gute gleichmäßige Gang der Maschine abhängig; daher muß der Maschinist mit der größten Sorgfalt die Stellung des Schiebers überwachen.

Anzustreben ist gleiche Dampfverteilung und gleiche Füllung auf beiden Seiten des Dampfkolbens. Da aber die Abmessungen des Schiebers festliegen, muß sich der Maschinist in der Regel mit dem Einstellen auf gleiche Voreinströmung begnügen.

Das Einstellen hat in folgender Weise zu geschehen:

Man stelle die Steuerung zuerst auf den Vorwärtsgang, dann die Maschinenkurbel entweder oben oder unten auf den toten Punkt. Steht z. B. die Kurbel oben im toten Punkt, so soll der Schieber den Dampf oben einströmen lassen und muß zu diesem Zweck den oberen Einströmungskanal vorher um die Größe der linearen Voreilung geöffnet haben. Man bezeichne an einem keilförmig geschnittenen Stück Holz die Öffnung des oberen Kanals und drehe dann die Maschine so viel, daß die Kurbel im toten Punkt unten zu stehen kommt. Die Steuerung bleibe auf dem Vorwärtsgang stehen. Der Schieber soll den Dampf jetzt unten einströmen lassen und muß zu diesem Zwecke den unteren Kanal um die Größe der linearen Voreilung geöffnet haben. Man untersuche dann die Öffnung dieses Kanals und vergleiche diese mit der Öffnung des oberen Kanals. Sind die Öffnungen gleich, so steht der Schieber richtig. Sind die Öffnungen des Schiebers oben und unten verschieden, so ist durch passende Verstellung des Schiebers auf seiner Stange die Verschiedenheit der Kanalöffnungen auszugleichen, nicht aber etwa durch Veränderung der Exzenterstangen oder durch Verstellen des Exzenters auf der Welle.

Steht der Schieber für den Vorwärtsgang richtig, so ist die Steuerung auf den Rückwärtsgang zu verlegen und der Schieber in gleicher Weise wie für den Vorwärtsgang zu regeln.

Stellen sich hierbei in der Öffnung des Schiebers oben und unten Unterschiede heraus, so darf man den Schieber auf der Stange jetzt nicht mehr verstellen, da sonst seine

Stellung für den Vorwärtsgang wieder unrichtig sein würde, sondern muß die Berichtigung an der Exzenterstange vornehmen. Diese ist entweder durch Unterlegen von Paßstücken zu verlängern oder durch Entfernen solcher Stücke zu verkürzen. Ist die Exzenterstange mit dem Exzenterbügel aus einem Stück hergestellt, so muß sie gestreckt oder gestaucht werden.

Beim Einstellen der Schieber von Hammermaschinen ist noch zu berücksichtigen, daß die Öffnung des unteren kanal um etwa 1—2 mm weiter öffnet als den oberen. muß als die des oberen Kanals, da das Gewicht der Maschinenteile mit gehoben werden und hierzu etwas mehr Arbeit im Zylinder geleistet werden muß als beim Niedergang des Kolbens. Es ist also bei diesen Maschinen dafür zu sorgen, daß der Schieber den unteren Einströmungs-Kanals beim toten Punkt der Kurbel 1—2 mm größer sein

3. Die übertragenden Maschinenteile

Die übertragenden Maschinenteile dienen zur Fortpflanzung der Bewegung des Dampfkolbens auf die Schraube oder das Schaufelrad. Mit Hilfe des Kreuzkopfes und der Pleuelstange wird die auf- und abgehende Bewegung in die sich drehende der Kurbelwelle verwandelt.

Der **Kreuzkopf** ist bei kleineren Maschinen meistens einseitig und mit dem unteren Ende der Kolbenstange aus einem Stück geschmiedet; bei größeren Maschinen ist er zweiseitig und auf das untere Ende der Kolbenstange mit einer Mutter befestigt. Die Gleitschuhe, die bei größeren Maschinen mit Bronze oder Weißmetall belegt sind, laufen auf den an dem Maschinenständer angebrachten Gleitbahnen und übertragen auf diese den von den Pleuelstangen in ihren Schräglagen ausgeübten seitlichen Druck. Wäre keine Kreuzkopfführung vorhanden, so würden sich die Kolbenstangen verbiegen.

Die **Pleuelstange** ist aus Flußstahl gefertigt und hat in den meisten Fällen einen runden Querschnitt. Um eine bequeme Verbindung zwischen Kolbenstange und Pleuelstange herzustellen, endet diese meistens oben in einer Gabel. Entweder ist in den Augen dieser Gabel der Kreuzzapfen befestigt, oder derselbe ist mit der Kolbenstange bzw. mit dem Kreuzkopf verbunden. Im ersten Falle wird er von den bronzenen Lagerschalen der Kolbenstange bzw. des Kreuzkopfes, im letzten von denen der Pleuelstange umfaßt. Die Lager werden durch einen vorgeschraubten Deckel in ihrer Lage erhalten. Am unteren Ende wird die Pleuelstange vorzugsweise T förmig ausgebildet, und auf der hierdurch entstandenen Fläche ruhen die ebenfalls aus Bronze hergestellten Lager des Kurbelzapfens. Um ein Verschieben der Lager zu verhindern und das Zusammenpassen derselben zu erleichtern, ist diese Fläche sowie die Fläche der betreffenden Lagerhälfte in der Mitte mit einer Erhöhung oder einer Vertiefung und die betreffende Lagerhälfte mit einer entsprechenden Vertiefung bzw. Erhöhung versehen.

Die **Wellenleitung** ist aus Flußstahl hergestellt und besteht

a) bei Schraubenschiffen aus:
1. der Kurbelwelle,
2. der Druckwelle,
3. den Zwischenwellen und
4. der Schraubenwelle;

b) bei Räderschiffen aus:
1. der Mittel- oder Maschinenwelle,
2. den zwei Seiten- oder Radwellen.

Die **Kurbelwelle** ist ihrer Läge nach entweder aus einem Stück oder aus mehreren, meist gleichen Teilen hergestellt, die durch Flanschen (Kupplungen) mittels starker zylindrischer oder konischer Bolzen, die stramm in die zusammen aufgeriebenen Löcher der Kupplungen getrieben werden, miteinander verbunden sind. Die Bolzen werden durch vorgeschraubte Muttern an ihrem Platz gehalten. Durch die geteilte Anordnung der Kurbelwelle hat man den Vorteil, daß man beim Bruch einer Welle die Teile gegeneinander auswechseln und des geringen Gewichtes wegen leichter eine Ersatzwelle einsetzen kann. Die Kurbelwelle läuft zu ihrer Unterstützung in einer Anzahl Wellenlager, die bei Hammermaschinen in dem Maschinenfundament, bei Räderschiffsmaschinen über den Zylindern auf einem starken Rahmen angebracht sind. Die Lagerschalen werden aus Bronze, diejenigen der größeren Maschinen aus Gußeisen mit Weißmetallfüllung hergestellt.

Die Lager sind mit Schmiervorrichtungen und die Lagerschalen mit Schmiernuten versehen, um die Schmiermittel auf die Lagerstellen besser zu verteilen. Um das Lager beim etwaigen Warmlaufen kühlen zu können, ist eine Kühlvorrichtung vorhanden, durch die kaltes Wasser zugeführt werden kann.

Die Kurbelwelle ist mit der Drucklagerwelle durch eine Flanschenkupplung verbunden.

Die **Drucklagerwelle** ist mit einem oder mehreren Ringen versehen. Die Ringe übertragen den vom arbeitenden Propeller hervorgebrachten Druck auf das Drucklager. Dieses überträgt den Druck auf das Schiff und verhindert zugleich eine Übertragung auf die Kurbelwelle, damit eine Verschiebung der Welle nicht stattfinden kann.

Das Drucklager ist entweder im Wellentunnel oder im Maschinenraum auf einer Fundamentplatte aufgestellt und diese auf einer Plattform befestigt. Die Plattform ist wiederum mit dem Schiffskörper verbunden. Die Fundamentplatte besitzt vorn und hinten starke Ansätze. Zwischen diesen und dem Lagerstuhl werden Keile eingetrieben, durch deren Anziehen man das Lager, falls es erforderlich wird, verschieben kann. In dem Lagerkörper befinden sich Lagerschalen aus Bronze oder Weißmetall, die den Ringen der Drucklagerwelle entsprechend angebohrt sind.

Bei größeren Schiffen werden meistens Drucklager angewendet, bei denen die Druckflächen durch hufeisenförmige, gußstählerne Bügel, die an der Druckfläche mit Weißmetall ausgegossen sind, gebildet werden. Diese Bügel werden von oben über die Welle geschoben und durch je zwei Schrauben in ihrer Lage festgehalten. An jedem Ende besitzt dieses Drucklager je ein Traglager, das deshalb erforderlich ist, weil die Welle innerhalb des Drucklagers unterstützt wird.

Neuerdings werden „Einscheibendrucklager" verwendet, bei denen die Druckwelle nur mit einem Druckring versehen ist. Auf jeder Seite des Druckringes befinden sich einzelne, auf den Umfang verteilte trapezförmige Druckstücke, die mit Lagermetall ausgegossen sind. Ihre Schmierung erfolgt meist durch Ölumlauf.

Der Druckwelle schließen sich entweder die **Zwischenwellen** oder sofort der Schraubenschaft an. Zur Unterstützung der Zwischenwellen dienen Lauflager. Diese Lager werden aus Gußeisen gefertigt und sind in ihren unteren Hälften mit Weißmetall ausgegossen.

Die hinterste Welle, auf der die Schraube befestigt wird, ist die **Schraubenwelle.** Das Ende der Schraubenwelle ist bei Einschraubenschiffen im Hintersteven, bei Doppelschraubenschiffen in einem an dem hinteren Ende des Schiffskörpers befestigten Schraubenbock gelagert. Von diesem Lager bis zum nächsten Schott ist die Schraubenwelle von einem gußeisernen Rohr umgeben; im Schott ist sie durch eine Stopfbüchse abgedichtet. Das **Stevenrohr** ist an beiden Enden mit Pockholzstäben ausgebuchst, während die Welle an diesen Stellen mit einem Bronzeüberzug versehen ist. Dieser ist fest auf den Schaft gezogen und gegen Losdrehen durch eingeschraubte, versenkte Stifte gesichert. Die Schäfte der Maschinen auf Flußdampfschiffen erhalten meist keine Bronzeüberzüge.

Die **Schraube** wird auf dem konisch gedrehten Ende der Schraubenwelle befestigt. Ihre Befestigung geschieht meistens durch einen oder mehrere Federkeile, die zum Teil in den Schaft, zum Teil in die Nabe eingelassen sind. Hinter der Schraube ist der Schaft mit einem kräftigen Gewinde versehen, über das man, um ein Loslösen und Zurückgehen der Schrauben zu verhindern, eine Mutter fest gegen die Nabe schraubt. Um durch die Drehung des Schaftes ein Losgehen der Mutter zu verhindern, wird zweckmäßig für rechtsdrehende Schrauben Linksgewinde, für linksdrehende Schrauben Rechtsgewinde genommen. Die Mutter selbst wird durch ein an der Nabe der Schraube festgeschraubtes Paßstück gegen Losdrehen gesichert.

4. Der Kondensator

Bei Kondensationsmaschinen tritt der verbrauchte Dampf durch das Dampfabgangsrohr in den Kondensator und wird daselbst zu Wasser verdichtet. Unter Kondensation versteht man die Verdichtung des Dampfes durch Abkühlung. Der Nutzen der Kondensation des Dampfes besteht in der Verringerung des Gegendruckes des aus dem Zylinder tretenden verbrauchten Dampfes und somit in der Erhöhung der Wirkung des in den Zylinder einströmenden Dampfes um etwa 1 Atm.

Zur Erläuterung dieses Vorganges diene folgende Betrachtung: In dem Luftmeere, das unsere Erde umgibt, herrscht ein Druck von bestimmter Größe, entsprechend dem Gewicht, das die über der Erdoberfläche stehende Luftsäule ausübt. Die Richtigkeit dieses Satzes beweist folgender Versuch: In einem offenen Zylinder wird luftdicht ein Kolben abwärts bewegt. Durch ein Ventil ist dafür gesorgt, daß die unter dem Kolben befindliche Luft entweichen kann. Wenn der Kolben dann den Boden des Zylinders erreicht, also alle Luft ausgetrieben ist, wird das Ventil geschlossen und der Kolben wieder aufwärts bewegt. Hierzu ist nun offenbar eine Kraft erforderlich, die gleich ist dem Gewichte des Kolbens (von Reibungswiderständen abgesehen) plus dem Gewichte der auf die Oberfläche des Kolbens drückenden Luftsäule. Versuche haben ergeben, daß dieser Druck am Meeresspiegel gemessen je Quadratmeter Kolbenfläche 10336 kg beträgt, das ist je Quadratzentimeter 1,0336 kg. Im praktischen Leben wird dieser Druck der Atmosphäre mit 1 kg je Quadratzentimeter (15 Pfund je Quadratzoll) angenommen. Es ist nun ohne weiteres klar, daß der im Zylinder wirksam gewesene Dampf noch mindestens diese Spannung besitzen muß, wenn es ihm möglich sein soll, in die Atmosphäre hinauszutreten. Wäre man nun in der Lage, den Dampf in einen luftleeren oder doch wenigstens luftverdünnten Raum austreten zu lassen, dann könnte man die dem Dampfe zu belassende Spannung — mindestens 1 kg je Quadratzentimeter — noch nutzbar im Zylinder verwerten. Die Luftverdünnung wird im Kondensator durch Abkühlung des aus dem Niederdruckzylinder tretenden Dampfes hergestellt.

Eine völlige Luftleere (Vakuum) läßt sich im Kondensator nicht erreichen, weil einerseits fortwährend frischer Dampf eintritt und von außen Luft durch undichte

Flanschen oder Kolbenstangenstopfbüchsen eindringt, andererseits auch Dampf und das bei der Einspritzkondensation in den Kondensator einströmende frische Wasser einen Teil Luft enthält. Der niederen oder höheren Temperatur des Kondensators entspricht eine größere oder geringere Luftleere.

Die Luftleere ist genügend zu nennen, wenn im Kondensator nur noch 0,15—0,2 Atm. Spannung, gleich 66—72 cm oder 26—28" Luftleere, vorhanden ist. Dies entspricht einer im Kondensator herrschenden Temperatur von 50 bis 60°.

Zum Messen der Luftleere dient das Vakuummeter; dieses ist ebenso wie das Manometer eingerichtet; es beruht nur auf dem umgekehrten Prinzip. Der äußere Luftdruck drückt auf die Platte bzw. Feder und zeigt die im Kondensator vorhandene Luftleere an.

Der Druck der Atmosphäre ist gleich dem Druck einer Wassersäule von 10 m Höhe und gleich dem Druck einer Quecksilbersäule von 76 cm oder 30" engl.; man findet daher auf den Vakuummetern außer der gewöhnlichen Teilung nach Zehnteln Atmosphären auch Teilung nach Zentimetern oder Zoll.

Die Verdichtung des Dampfes im Kondensator findet statt
 a) dadurch, daß man den Dampf mit Wasser in unmittelbare Berührung bringt (Einspritzkondensation),
 b) dadurch, daß man den Dampf mit gekühlten Flächen in Berührung bringt (Oberflächenkondensation).

Man unterscheidet demnach Einspritz- und Oberflächenkondensatoren.

Der Einspritzkondensator

Der Einspritzkondensator findet auf Flußdampfschiffen Anwendung. Bei Hammermaschinen wird dieser bisweilen in die Zylinderständer verlegt, eine wenig vorteilhafte Einrichtung, da bei eintretender Abrostung der inneren Flächen die Ständer so geschwächt werden können, daß daraus Gefahr für den Betrieb der Maschine entstehen kann.

Der Einspritzkondensator ist ein gußeiserner Kasten, der im allgemeinen aus drei Haupträumen besteht:
a) dem Einspritz- oder Kondensationsraum,
b) dem Pumpenraum,
c) dem Ausgußraum.

Der **Einspritzraum** ist der Raum, in dem der aus dem Zylinder ausströmende verbrauchte Dampf mit Wasser in Berührung gebracht wird. Das Wasser wird durch ein meistens aus Kupfer hergestelltes Einspritzrohr in diesen Raum geleitet.

Das Rohr besitzt sowohl an der Schiffswand als auch am Kondensator eine Absperrvorrichtung. Bei größeren Schiffen ist am Kondensator ein Schieber, bei kleineren ein Hahn angebracht, die beide sich vom Maschinistenstande aus einstellen lasssen. Man regelt die Menge des Einspritzwassers nach dem Zeiger des Vakuummeters, indem man eine möglichst große Luftleere zu erreichen und dabei doch nicht zuviel Einspritzwasser zu verbrauchen sucht, da sonst die Luftpumpe zu schwer arbeitet und das Speisewasser zu kalt wird. Das Einspritzrohr wird im Einspritzraum meistens quer vor die Mündung des Dampfeintrittsrohres geleitet und endet dort zur besseren Ausbreitung des Wassers siebartig.

Vielfach verzweigt sich dasselbe noch nach der Bilge, um bei etwaigem Leck des Schiffes statt von außenbords aus dieser das Wasser zu holen. Dies Rohr ist vom eigentlichen Einspritzrohr durch einen Schieber oder einen Hahn abgeschlossen und trägt unten ein Fußventil, das sich erst öffnet, wenn genügende Luftleere vorhanden ist.

Der **Pumpenraum** liegt seitlich von dem Einspritzraum oder unter diesem und ist von ihm durch eine Wand getrennt, die die Saugventile der Luftpumpe enthält.

Die **Luftpumpe** saugt das durch die Kondensation entstehende Gemenge von Luft und Wasser aus dem tiefsten Teile des Kondensators und preßt es in den Ausgußraum, von wo aus es teils durch ein Ausgußventil über Bord, teils von den Speisepumpen in den Kessel befördert wird. Hammermaschinen besitzen meist einfachwirkende, stehende Luftpumpen (Abb. 54), die am unteren Teil des Kondensators befestigt sind und mittels Schwinghebels (Balancier) von einem der Kreuzköpfe bewegt werden. Einfach wirkende Luftpumpen sind solche Pumpen, die während eines Auf- und Niederganges nur einmal das Wasser ansaugen und fortdrücken.

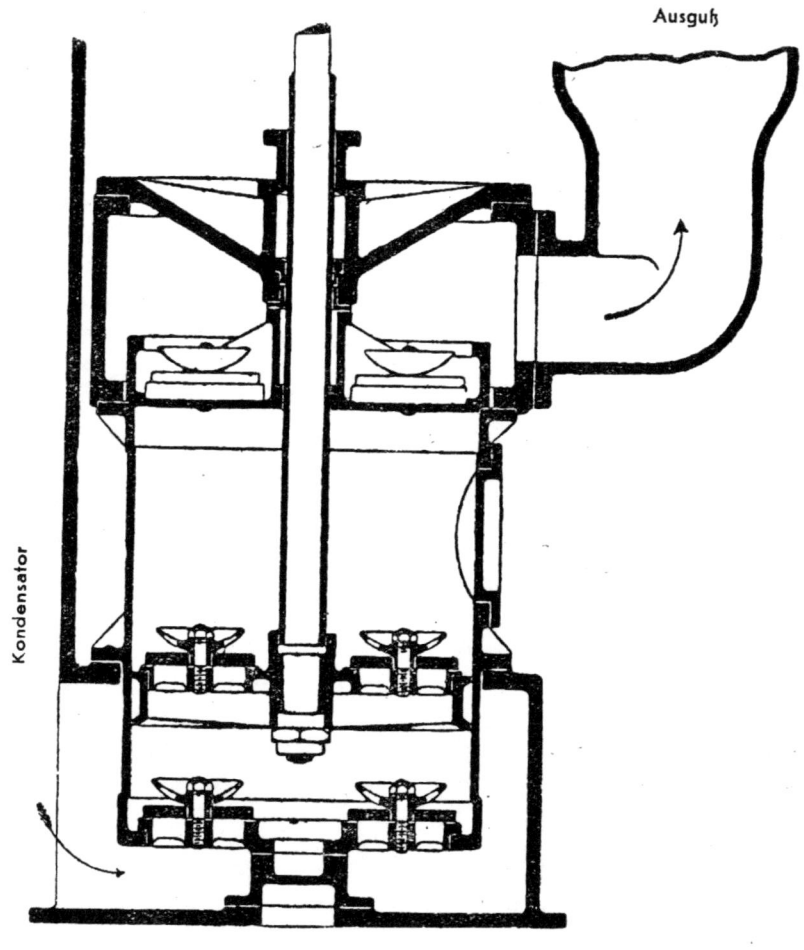

Abb. 54

Bei Radschiffmaschinen wird die Luftpumpe in der Regel von einer Kurbel der Radwelle aus angetrieben.

Die Luftpumpe besteht aus dem Körper mit Deckel, dem Kolben mit der Kolbenstange und den Ventilen.

Der Luftpumpenkörper ist meistens aus Gußeisen hergestellt und in ihn ein bronzener Arbeitszylinder eingesetzt.

Der Deckel ist aus demselben Werkstoff wie der Pumpenkörper hergestellt und auf diesem durch Schrauben befestigt.

Der Luftpumpenkolben aus Bronze hat am Umfange eine Vertiefung, in der die Liderung des Kolbens eingelegt wird. Die Liderung besteht aus vierkantigen Hanfflechten oder Tauwerk. Im Kolben sind meist fünf oder sechs runde Öffnungen angebracht, über welchen die Kolbenventile sitzen.

Die Kolbenstange der Luftpumpe ist aus Bronze oder Stahl angefertigt; in dem letzten Falle versieht man sie mit einem bronzenen Überzug. Die Befestigung des Kolbens auf der Stange geschieht wie die Befestigung der Dampfkolben. Nimmt man stählerne Stangen, so ist die Mutter zur Befestigung des Kolbens, um ein Anrosten zu vermeiden, in Kapselform hergestellt.

Die stehenden, einfachwirkenden Luftpumpen haben an der tiefsten Stelle eine Gräting, auf der sogenannte Fuß- oder Saugventile und am oberen Rande des Pumpenzylinders eine zweite Gräting, auf der die Druckventile sitzen. Die Saugventile sind so tief angebracht, daß das Wasser aus dem Kondensator leicht zufließen kann.

Beim Aufwärtsgehen des Kolbens öffnen sich die Saugventile und das Wasser tritt aus dem Kondensator durch sie in den unter dem Kolben befindlichen Raum. Beim Abwärtsgehen des Kolbens schließen sich die Saugventile und öffnen sich die im Kolben befindlichen Ventile, alsdann tritt das Wasser durch sie über den Kolben. Beim Hochgehen des Kolbens wird nun das über ihm befindliche Wasser durch die Druckventile in den Ausgußraum befördert.

Damit die Pumpe ruhiger und leichter arbeitet, ist an dem Saugraum ein Schnüffelventil angebracht, durch das während der Saugwirkung des Kolbens etwas Luft eintritt.

Früher nahm man zu Ventilen der Luftpumpen meistens Gummiklappen, die durch Klappenfänger — diese dienten zugleich zur Hubbegrenzung der geöffneten Klappe — festgehalten wurden. Da die Gummiklappen durch die mit dem Dampf in den Kondensator tretenden Fetteile aber sehr schnell zerstört werden, nimmt man jetzt fast ausschließlich Ventile aus Bronze oder Messingblech, die sich sehr gut bewährt haben.

Der Oberflächenkondensator

Der Oberflächenkondensator (Abb. 55), der häufig mit den Maschinenständern eng zusammenhängt, besteht aus einem mittleren Teil, dem Kondensationsraume, und den beiden seitlichen Kühlvorlagen. Der Kondensationsraum ist ein gußeiserner Kasten mit zwei bronzenen Rohrplatten, in die viele enge, messingene Kühlrohre eingezogen sind. Das von einer Kühlwasserpumpe geförderte Kühlwasser durchfließt meistens zweimal die Rohre, erst die untere Hälfte der Kühlrohre, dann die obere Hälfte; die

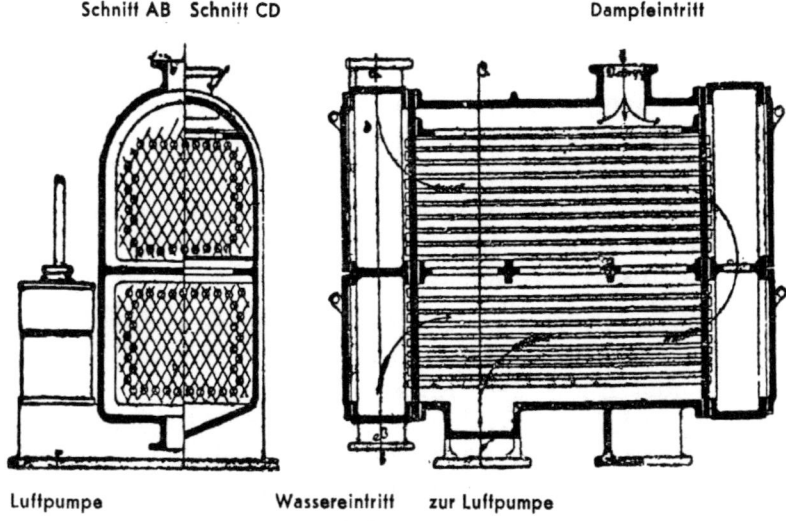

Abb. 55

eine Kühlvorlage ist deswegen in der Mitte durch eine Scheidewand geteilt. Der von dem Zylinder kommende Dampf tritt in den Kondensationsraum und gibt hier an die gekühlten Rohrflächen seine Wärme ab; hierdurch wird seine Verdichtung zu Wasser herbeigeführt. Dieses sammelt sich am untersten Teile des Kondensators und wird von dort durch die Luftpumpe in den Ausgußraum befördert. Von hier aus befördern es die Speisepumpen in den Kessel.

Da der Dampf bei der Oberflächenkondensation von dem Kühlwasser geschieden ist, so erhält man aus diesem

— auch bei salzigem Umlaufwasser — bei seiner Verdichtung nur Kondensat, d. h. salz- und härtefreies Wasser. Demnach hat auf Seeschiffen die Anwendung der Oberflächenkondensation der Einspritzkondensation gegenüber die Vorteile, daß die Ablagerung von Salz- und Härtebildnern im Kessel gering ist und demnach eine geringere Menge Wasser aus dem Kessel geblasen zu werden braucht. Hierdurch wird wiederum eine entsprechende Kohlenersparnis bewirkt. Der Nachteil des Oberflächenkondensators besteht andererseits darin, daß sich die vom Schmieren des Zylinders und der Schieber im Abdampf vorhandenen Öle und Fette in ihm ansammeln und durch die Speisepumpe teilweise mit in den Kessel befördert werden (s. S. 56).

Da bei der Oberflächenkondensation nur das aus dem niedergeschlagenen Dampf entstandene Wasser zur Kesselspeisung vorhanden ist, durch Undichtigkeiten aber Dampf und somit auch Wasser verloren geht, ist es nötig, von Zeit zu Zeit dem Kondensationswasser frisches Wasser zuzuführen. Zu diesem Zwecke befindet sich am Kondensator ein Zusatzhahn, durch den man frisches Wasser aus den Speisewassertanks oder, namentlich auf Flußschiffen, auch einen Teil des angewärmten Kühlwassers ansaugen kann.

Das zum Niederschlagen des Dampfes erforderliche Kühlwasser wird mittels der Kühlwasserpumpe entweder um oder durch die kleinen messingenen Kühlrohre des Kondensators über Bord gepumpt. Die Kühlrohre sind an beiden Enden in den meistens aus Bronze hergestellten Rohrplatten gedichtet.

Die Dichtung geschieht auf folgende Arten:

a) Die Löcher in der Rohrplatte werden an der äußeren Seite auf etwa 14—20 mm Tiefe 4—6 mm weiter im Durchmesser gefräst. In diese Erweiterung schneidet man Gewinde, legt dann um das eingeschobene Rohr dünne in Leinöl oder Seife getränkte Baumwoll-Schnüre und schraubt diese mit einem an der äußeren Seite mit Gewinde versehenen Messingring dicht nieder. Der Messingring hat, um das Ein- und

Ausschrauben zu ermöglichen, an seinem Ende Einschnitte.

b) Die Löcher in der Rohrplatte werden 5—8 mm größer gebohrt, als das Rohr äußeren Durchmesser hat. In diese Erweiterung werden aus weichem Holz gefertigte und gut getrocknete Büchsen leicht eingetrieben. Tritt später das Kühlwasser mit den Ringen in Berührung, so quellen sie auf und stellen so einen dichten Verschluß her.

Die **Kühlwasserpumpen** saugen das Wasser durch ein unterhalb der Wasserlinie an der Schiffswand sitzendes Seeventil und befördern es in den Kühlraum des Kondensators, der, um das Wasser gehörig umlaufen zu lassen. in der Mitte geteilt ist. Das Wasser nimmt dann den in Abb. 55 durch Pfeile angedeuteten Weg und geht zuletzt durch das Ausgußrohr über Bord.

Die Kühlwasserpumpen sind entweder Kolbenpumpen oder Kreiselpumpen. Die Kolbenpumpen stehen mit der Maschine durch Gestänge in Verbindung, die Kreiselpumpen werden durch eine besondere kleine Maschine angetrieben.

Die **Kolbenpumpen** sind meist stehende Pumpen, die durch Schwinghebel von einem der Kreuzköpfe aus bewegt werden. Vereinzelt kommen auch liegende Kolbenpumpen zur Anwendung, die entweder mit einem Exzenter oder einer Kurbel von der Maschinenwelle aus unmittelbar bedient werden.

Die stehenden Kolbenpumpen sind entweder einfachwirkend und in ihrer Bauart den stehenden Luftpumpen vollständig gleich oder doppeltwirkend (Abb. 56); die liegenden sind in der Regel doppeltwirkend.

Doppeltwirkende Pumpen sind solche, die bei jeder Umdrehung der Kurbel nahezu den doppelten Inhalt des Pumpenzylinders fördern. Die eine Seite des Kolbens wirkt saugend, während die andere Seite gleichzeitig drückend wirkt; deshalb sind auf jeder Seite des Pumpenzylinders Saug- und Druckventile erforderlich. Das meistens aus Gußeisen gefertigte Gehäuse enthält dementsprechend drei Räume: einen mittleren, in dem sich der Kolben auf und ab bewegt und zwei seitliche Räume mit den Ventilen. Der Kolben ist eine einfache volle Scheibe aus Bronze und mit bronzenen Leitungsringen oder Hanfliderung versehen. In manchen Fällen besitzen die Kolben übrigens gar keine Liderung, da solche nicht unumgänglich notwendig ist.

Die **Kreiselpumpen** werden durch besondere Dampfmaschinen angetrieben, deren Kurbelwelle mit der Pumpenwelle unmittelbar gekuppelt ist. Sie bestehen aus einem schnell umlaufenden, mit einem Gehäuse umgebenen Schaufelrad. Das Wasser tritt in der Nähe der Welle ein

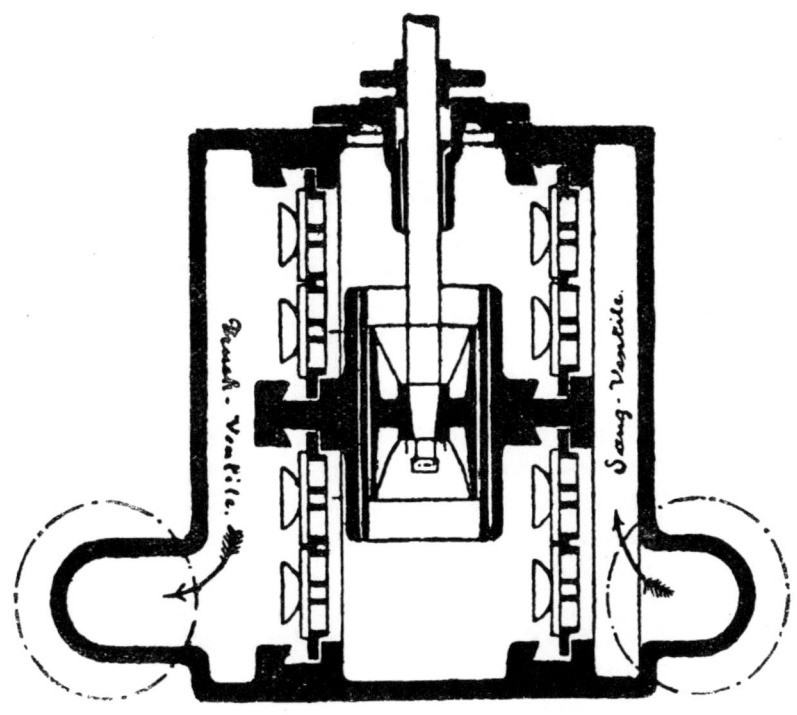

Abb. 56

und an dem äußeren Rand nach dem Kondensator wieder aus.

Während man, um den Kondensator kalt zu erhalten, bei Anwendung der unmittelbar mit der Maschine verbundenen Kolbenpumpe bei längerem Stillstande der Maschine die Dampfpumpe anzusetzen gezwungen ist, hat man bei Anwendung der Kreiselpumpen den Vorteil, daß diese während des Stillstandes oder Manövrierens der Maschine beständig im Betriebe bleiben können.

Die Kühlwasserpumpen sind meistens so eingerichtet, daß sie nach Absperrung ihres Seeventils und Öffnung eines Schiebers auch aus der Bilge pumpen können, um beim etwaigen Leckwerden des Schiffes das eindringende Wasser über Bord zu befördern.

Die Oberflächenkondensatoren sind meistens mit Einrichtungen versehen, um sie im Falle eines Bruches der Kühlwasserpumpe oder bei zu großen Leckagen auch als Einspritzkondensatoren verwenden zu können. Zu diesem Zwecke befinden sich am Kondensationsraum Hähne oder Ventile, die durch ein Rohr mit einem Seeventil in Verbindung stehen und durch die im Notfall das nötige Einspritzwasser einströmen kann.

Am unteren Teile der Kondensatoren befinden sich die Luftauslaßventile, die den Zweck haben, einen etwaigen Überdruck in ihnen zu verhindern. Dieses sind Ventile, die durch ihr eigenes Gewicht und den Atmosphärendruck geschlossen gehalten werden.

Die Speisepumpen

Die Speisepumpen haben den Zweck, das in den Kesseln bei der Verdampfung verbrauchte Wasser zu ersetzen.

Nach den gesetzlichen Bestimmungen über die Anlegung von Schiffsdampfkesseln muß jeder Dampfkessel mit zwei zuverlässigen Vorrichtungen zur Speisung versehen sein, die nicht von derselben Betriebsvorrichtung abhängig sind, von denen jede für sich imstande ist, dem Kessel die zur Speisung erforderliche Wassermenge zuzuführen.

Die Speisepumpen bestehen aus folgenden Hauptteilen:
a) dem Pumpenkörper,
b) dem Pumpenkolben,
c) den Saug- und Druckventilen.

Der im Pumpenkörper sich aufwärts bewegende Kolben erzeugt einen luftleeren Raum (Abb. 57). Hierdurch wird das Saugventil der Pumpe gehoben und Wasser und Luft treten nach. Nimmt der zurückkehrende Kolben dann den ursprünglichen Raum wieder ein, so preßt er durch das sich öffnende Druckventil der Pumpe das Wasser und die Luft in das Druckrohr hinein, während das Saugventil sich in demselben Augenblicke schließt, wenn die zurückkehrende Kolbenbewegung beginnt.

Um den Gang der Pumpe möglichst gleichmäßig und stoßfrei zu machen, bringt man in ihrer Druckleitung einen Windkessel (Abb. 57) an. Durch die in diesem

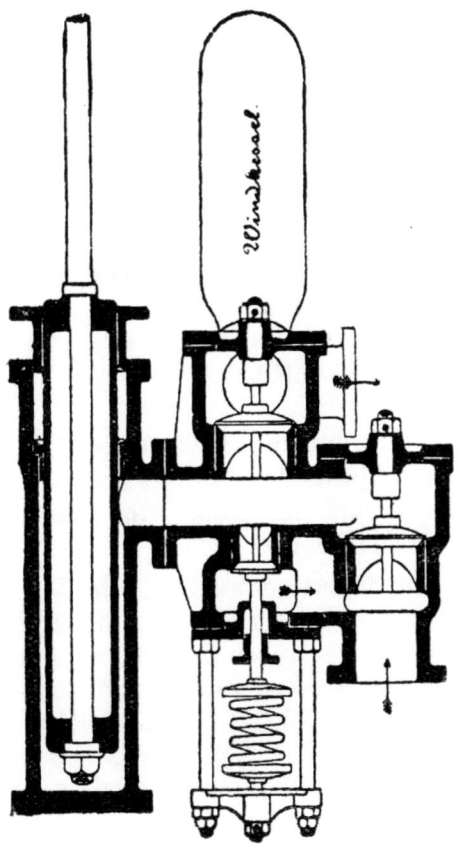

Abb. 57

zusammengepreßte und gleichsam als elastisches Kissen wirkende Luft wird die Wasserbewegung in der Rohrleitung geregelt. Um einen ruhigen Gang zu erzielen, bringt man, insbesondere bei Pumpen, die gegen einen hohen Druck arbeiten müssen, noch ein zweites Druckventil und hinter diesem Druckventil noch einen Hahn an. Durch das Verstellen dieses Hahnes, von dem ein sogenanntes Überlaufrohr wieder zurück nach dem Saugrohr der Pumpe führt, ist es möglich, das Speisen der Pumpe so zu regeln, daß genau soviel Wasser in den Kessel befördert wie verdampft wird. Das regelmäßige Speisen des Kessels ist für das Dampfhalten und die Pflege der Kessel von großem Vorteil und kann deshalb nicht genug empfohlen werden.

Am Saugraum der Pumpe sitzt noch ein kleines Schnüffelventil, durch das das Arbeiten der Pumpe überwacht werden kann und durch das man etwas Luft von der Pumpe einsaugen läßt, wenn diese allzu schwer arbeitet.

Auf den Schiffen kommen folgende Speisepumpen vor:
a) Handspeisepumpen,
b) Maschinenspeisepumpen,
c) Dampfspeisepumpen,
d) Injektoren.

Die **Handspeisepumpen** finden nur bei kleineren Anlagen als Speisevorrichtung Anwendung. Sie sind in der Regel so eingerichtet, daß sie auch zum Lenzen des Schiffes benutzt werden können.

Die **Maschinenspeisepumpen** (Abb. 57) sind meistens einfachwirkend und werden bei stehenden Maschinen vom Kreuzkopfe aus durch den Schwinghebel betrieben. Meistens sind zwei solcher Pumpen vorhanden, damit beim Versagen der einen nicht gleich die Hilfspumpe angesetzt zu werden braucht. Der Pumpenkörper der Maschinenspeisepumpen ist meistens aus Gußeisen hergestellt. Der Kolben ist fast immer ein aus Bronze gefertigter Plungerkolben; die Ventile sind fast ausschließlich aus Bronze hergestellte Kegelventile. Bei Maschinen ohne Kondensator (Flußschiffen) entnehmen die Maschinenspeisepumpen das Wasser von Außenbord und drücken dasselbe zur Erwärmung durch einen Vorwärmer in den Kessel; bei Maschinen mit Kondensation saugen die Pumpen aus dem Luftpumpenausguß. Die Maschinenpumpen saugen immer Luft mit an, die in den Kesseln Anfressungen verursacht; es werden daher oft in die Druckrohrleitung Apparate eingeschaltet, durch die die Luft aus dem Speisewasser wieder entfernt wird.

Die **Speisepumpen,** die mittels Dampf getrieben werden, sind entweder liegend oder stehend angeordnet und werden nicht allein zum Speisen der Kessel, sondern auch zum Lenzen und Pumpen an Deck und zur Beförderung des Wassers durch den Kondensator beim Stillstehen der Hauptmaschine gebraucht.

Auf den Flußdampfschiffen wendet man allgemein Duplex- und ihnen ähnliche Dampfpumpen an (Abb. 58). Diese bestehen aus zwei nebeneinander liegenden gleich großen Dampfzylindern und zwei doppeltwirkenden Pumpenkolben; sie sind also vierfachwirkend und arbeiten infolgedessen ohne jeglichen Stoß und mit gleichmäßigem Aus-

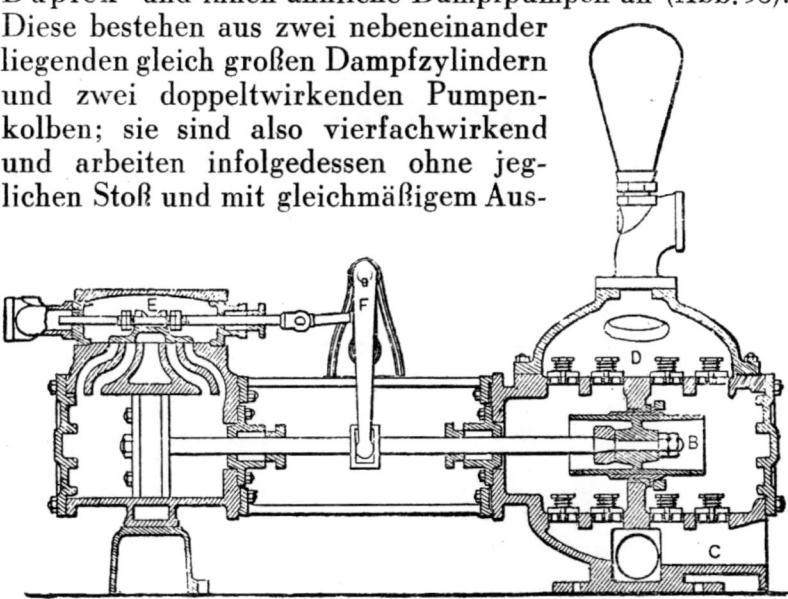

Abb. 58

flusse. Jeder Schieber wird durch einen Hebel von der Kolbenstange des andern Zylinders gesteuert. Da infolgedessen stets einer der Schieber dem Dampf freien Zutritt zum Zylinder gewährt, so springt die Speisepumpe in jeder beliebigen Stellung an.

Der Flachschieber E, der durch den Hebel F bewegt wird, ist ähnlich wie bei den Lokomotiven gewählt. Der doppeltwirkende Pumpenkolben B arbeitet in einer starken metallenen Führungsbüchse. Das Wasser tritt in die untere Kammer C ein, geht durch die Saugventile um den Pumpenkolben herum und an dessen Ende vorbei durch die Druckventile in die Druckkammer D. Die Ventile selbst bestehen aus Scheiben, die so angebracht sind, daß eine leichte Prüfung und Auswechslung möglich ist.

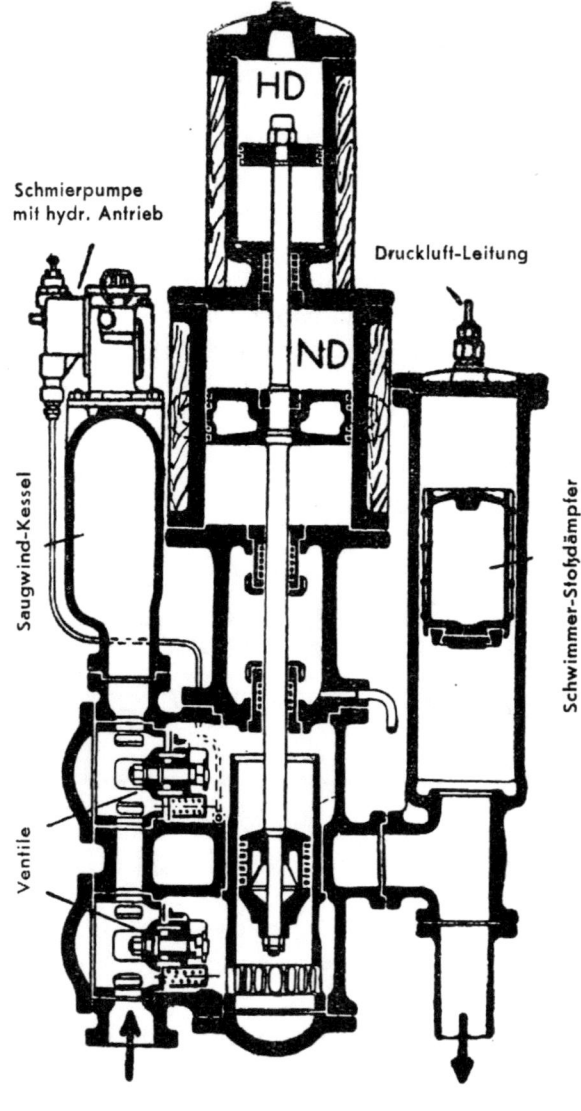

Abb. 59

Auf größeren Seeschiffen verwendet man zum Kesselspeisen auch Simplexpumpen, die nur einen Dampf- und einen Wasserzylinder mit doppeltwirkenden Kolben besitzen. Der Hub dieser Pumpen ist sehr groß, die Anzahl der Hube gering. Die Pumpen springen in jeder Stellung an und können auch ganz langsam arbeiten; dies ist dadurch erreicht, daß auf dem Hauptschieber ein zweiter, von der Kolbenstange gesteuerter Hilfsschieber angeordnet ist. Gewöhnlich ist im Saugraum der Pumpe ein Schwimmer vorhanden, der den Dampf abstellt, sobald kein Wasser mehr im Saugraum vorhanden ist.

Infolge ihrer großen Dampffüllung haben die Pumpen ohne Drehbewegung den Nachteil, unwirtschaftlich zu arbeiten. Wirtschaftlicher ist die in der Abb. 59 dargestellte, stehend angeordnete **Knorrpumpe**, deren Dampfseite mit Verbundwirkung, d. h. zweifacher Expansion arbeitet. Der Dampf geht zunächst zum Hochdruckzylinder, nach Schluß der Füllung expandiert er und strömt dann zum Niederdruckzylinder, wo er nach Schluß der Füllung weiter expandiert. Zur Steuerung des Kolbenschiebers dient ein kleiner Hilfsschieber, der über dem Hochdruckzylinder angeordnet und von diesem betätigt wird. Der Hilfsschieber gibt Dampf zur Bewegung des Kolbenschiebers frei, so daß die Steuerung gestänge- und gelenklos erfolgt. Die Pumpe hat einen besonderen mit Schwimmer augebildeten Windkessel, der als Stoßdämpfer dient. Über dem Schwimmer wird mittels einer Handluftpumpe ein Luftdruckpolster erzeugt. Der Schwimmer verhindert den Übertritt von Luft in das Wasser und sorgt somit für die Erhaltung des Luftpolsters. Durch diese Einrichtung wird eine gleichmäßige und ruhige Förderung des Wassers herbeigeführt.

Die **Injektoren** oder Dampfstrahlapparate benötigen keine beweglichen Teile für ihre Arbeitsweise, die darin besteht, daß ein aus einer düsenförmigen Öffnung ausströmender Dampfstrahl, der durch eine Flüssigkeit hindurchgeht, einen Teil derselben mit sich reißt.

Man teilt die Injektoren ein in saugenden und nichtsaugende Injektoren; die einen müssen das Wasser erst ansaugen, während bei den anderen **das Wasser von selbst** zufließt. Im Abb. 60 ist ein saugender Injektor dargestellt. Die Inbetriebsetzung geschieht wie folgt:

Man lasse durch den Hahn D Dampf eintreten, drehe dann durch das Handrad A die Spindel, die die Dampfdüse verschließt, langsam zurück, bis etwas Wasser aus dem Überlaufrohr L abläuft. Wenn dann saugendes Geräusch entsteht, so ist dies ein Zeichen dafür, daß der Injektor arbeitet. Hierauf drehe man die Spindel schnell zurück und regele solange, bis kein Wasser mehr überläuft.

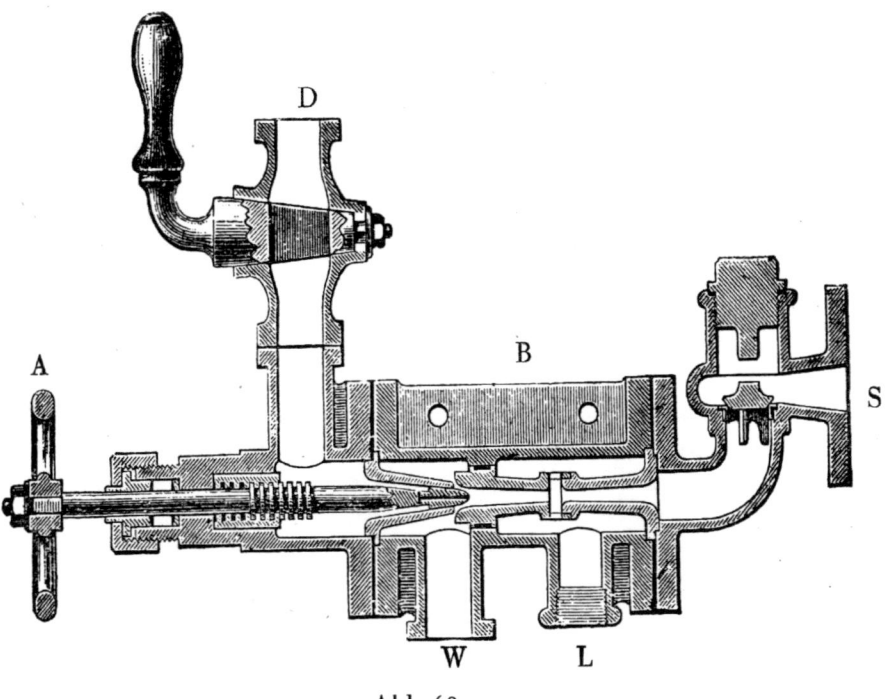

Abb. 60

Der Dampf saugt beim Austreten aus der Dampfdüse die Luft aus dem Saugrohr W, durch das dann das Wasser nachtritt, sich mit dem Dampf mischt und durch das Rohr S in den Kessel fließt. Tritt dagegen aus dem Überlaufrohr anstatt des Wassers Dampf aus, so ist dies ein Zeichen dafür, daß der Injektor nicht richtig arbeitet; man schließe dann den eintretenden Dampf ab und wiederhole den Versuch der Inbetriebsetzung.

Ist der Injektor während des Prüfens zu heiß geworden, so saugt er nicht mehr an. Man muß ihn dann mit Wasser kühlen.

Auf Schiffen hat sich der Restarting-Injektor — Wiederansauginjektor — (Abb. 61), der sich durch seine äußerst einfache Handhabung und sein sicheres Arbeiten auszeichnet, sehr schnell Bahn gebrochen.

Um den Injektor anzusetzen, öffnet man zuerst den Wasserhahn; bei b tritt dann Wasser ein und fließt durch das Schlabberventil bei d aus. Nachdem man dann das Dampfabsperrventil geöffnet hat, dreht man den Hebel langsam, wodurch der Kegel e gehoben wird. Der Dampfstrahl reißt das Wasser durch die Düse k mit fort, öffnet das Rückschlagventil unter der Düse und gelangt so in den Kessel.

Die Skala vor dem Hebel soll andeuten, daß der Hebel je nach den Verhältnissen mehr oder weniger herumgelegt werden muß; daher sind die auf derselben angegebenen Teilstriche auch nur

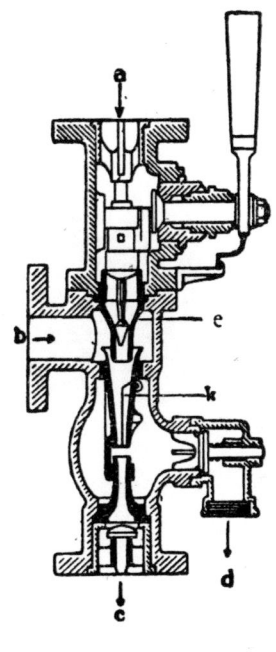

Abb. 61

annähernd richtig. Um den Injektor bequem nachsehen zu können, schaltet man zweckmäßig ein Absperrventil vor dem Apparat ein.

Die Lenzpumpen

Die Lenzpumpen sollen das sich im Schiffsraum ansammelnde Wasser über Bord befördern. Sie sind in der Regel so eingerichtet, daß sie aus allen Räumen des Schiffes saugen können. Die Saugrohre dieser Pumpen

Dampfturbine

Abb. 62

sind bei größeren Schiffen meistens aus Blei, bei kleineren aus Kupfer hergestellt und werden an ihrer Ausmündungsstelle in der Bilge mit Saugsieben (Brause) versehen. Diese Siebe haben den Zweck, alle größeren in der Bilge etwa vorhandenen Schmutzteile von den Ventilen der Lenzpumpe fernzuhalten. Die Lenzpumpen werden genau so ausgeführt wie die Speisepumpen.

Vereinzelt kommen auf Schiffen auch **Ejektoren** oder Dampfstrahl-Lenzpumpen vor, die aus einem gußeisernen Kasten bestehen, in dem bronzene Düsen so angebracht sind, daß deren innerer Durchmesser sich vom Dampfeintrittsrohr allmählich vergrößert. Der Dampf tritt zuerst durch die engste der Düsen, reißt die im Kasten befindliche Luft sowie das hinzutretende Lenzwasser durch die Düsen und treibt es durch das Ausgußrohr über Bord.

B. Dampfturbinen

Während die Kolbenmaschine dadurch getrieben wird, daß der Dampfdruck auf den Kolben wirkt, wird bei der Dampfturbine die Geschwindigkeit, die lebendige Kraft, des Dampfes ausgenutzt. In besonderen düsenförmigen Leitvorrichtungen wird der Druck des Dampfes in Geschwindigkeit umgewandelt, mit der der Dampf auf die Schaufeln des Turbinenläufers trifft und den Läufer in Umdrehung versetzt. Abb. 62 zeigt eine Schiffsturbine mit abgehobenem Gehäusedeckel und läßt den Läufer mit den Laufschaufeln erkennen.

Die Dampfturbinen werden zum Antrieb von Hilfsmaschinen, von Kesselraumlüftern und von Dynamomaschinen zur Erzeugung elektrischen Stromes verwendet. Bei größeren Leistungen dienen sie auch zum Schiffsantrieb. Weil die Umdrehungen der Turbine für eine günstige Wirkungsweise des Propellers viel zu hoch sind, werden die Drehzahlen durch Einbau geeigneter Mittel, wie Rädergetriebe, hydraulische Übersetzung (Vulkangetriebe) heruntergesetzt.

Da die Turbinen nicht umgesteuert werden können, sind für den Rückwärtsgang beim Schiffsantriebe Rückwärtsturbinen eingebaut, die beim Vorwärtsgang keinen Dampf erhalten, sondern in der Luftleere laufen. In Abb. 62 ist die gesamte Turbinenanlage, Vorwärts- und Rückwärtsturbine, in einem Gehäuse angeordnet.

Als Werkstoff wird für die Schaufeln Nickelstahl oder nichtrostender Stahl verwendet; soweit mit nur geringer Erwärmung der Schaufeln gerechnet werden kann, kommt auch Messing in Betracht. Nach dem Beschaufeln werden die Läufer ausgewuchtet, d. h. mit Hilfe einer Auswuchtmaschine werden alle gleichgewichtsstörenden Einflüsse ausgeglichen, um bei den hohen Umdrehungen einen geräusch- und erschütterungsfreien Lauf zu gewährleisten.

Da die Turbinenschaufeln nur geringes Spiel haben, darf die Abnutzung der Wellenlager ein gewisses Maß nicht überschreiten, damit ein Anstreifen und eine Beschädigung der Schaufeln vermieden werden. Die Lage des Turbinenläufers ist von Zeit zu Zeit mit der am Gehäuse vorgesehenen Wellenmeßvorrichtung nachzuprüfen. Zum Abdichten der Welle beim Austritt aus dem Turbinengehäuse dienen die Stopfbüchsen. Bei Überdruck sollen sie ein Entweichen von Dampf und bei Unterdruck ein Eindringen von Luft verhindern. Als Dichtungsart haben sich Labyrinth- und Spitzendichtungen bewährt. Sie bestehen aus einer großen Anzahl von Messingringen, die in das feststehende Gehäuse und in den umlaufenden Teil (Welle) eingesetzt und am vorstehenden Rande zugeschärft sind. Die Ringe greifen ineinander. Kohlestopfbüchsen mit Packung aus Kohleringen werden jetzt seltener verwendet.

Um ein Durchgehen der Turbine zu verhüten, befindet sich auf der Turbinenwelle ein Sicherheitsregler, der bei Überschreitung der zulässigen Drehzahl ein in der Zudampfleitung sitzendes Schnellschlußventil betätigt.

Schiffsantrieb

Für unsere Zwecke kommen nur die Schraube und das Schaufelrad in Betracht.

Die **Schaufelräder** sind entweder auf beiden Seiten des Schiffes oder auch am Heck angebracht; das letztere geschieht da, wo ein schmales Schiff, z. B. wegen vorhandener Schleusen, erforderlich ist. Die Wellen der seitlichen Schaufelräder sind einmal in der Schiffswand und außerdem meistens noch einmal an ihrem Ende auf dem äußeren Radkastenbalken in gußeisernen Lagern mit Metallfütterung gelagert. Auf der Welle ist die aus Gußeisen hergestellte Radnabe befestigt, die mit zwei oder mehreren scheibenartigen Vorsprüngn versehen ist.

Die Scheiben tragen die schmiedeeisernen Radarme, die an ihren Enden mit hölzernen oder eisernen Schaufeln verbunden sind. Zur Herstellung genügender Festigkeit werden die Radarme durch zwei Flacheisenkränze sowie durch Diagonalverbindungen untereinander verbunden.

Die Schaufeln sind von rechteckiger Form und entweder durch Hakenschrauben an den Enden der Radarme befestigt oder so angebracht, daß sie um Zapfen schwingen können. Hiernach unterscheidet man Räder mit festen oder solche mit beweglichen Schaufeln.

Die Räder mit festen Schaufeln haben den Vorzug großer Festigkeit, dagegen aber den Nachteil, daß bei ihrer Anwendung ein ziemlich großer Teil der geleisteten Maschinenarbeit verloren geht. Dieser Verlust entsteht erstens dadurch, daß die Schaufeln in geneigter Lage ins Wasser eintreten, so daß jede Schaufelfläche auf das Wasser einen Schlag oder Stoß ausübt, zweitens dadurch, daß die Schaufeln auch schräg aus dem Wasser austreten und infolgedessen eine Menge Wasser nutzlos in die Höhe werfen.

Bei den Rädern mit beweglichen Schaufeln fällt dieser Nachteil fort, da sämtliche Schaufeln nahezu senkrecht zur Wasserlinie ein- und austauchen. Jede Schaufel ist in zwei Zapfen drehbar und an einem Ende mit einem Hebel versehen, der eine Zugstange aufnimmt. Sämtliche Zugstangen vereinigen sich an einer Scheibe, die sich um einen Zapfen, der seitlich zur Welle und exzentrisch zur Wellenmitte im Radkasten befestigt ist, dreht.

Durch die Schiffsschraube (Propeller) wird die im Zylinder der Dampfmaschine oder in der Turbine erzeugte Leistung — bei Turbinen durch geeignete Übertragungsmittel — zur Fortbewegung des Schiffes nutzbar gemacht; deshalb ist ihre richtige und zuverlässige Bauart von besonderer Bedeutung.

Die **Schraube** wird entweder aus Gußeisen, Bronze oder Stahlguß angefertigt. Sie besteht aus einer starken Nabe, an der zwei, drei oder vier Flügel entweder angegossen oder durch Flansch und Schrauben befestigt sind; im letzten Falle sind die Flügel und damit die Steigung verstellbar.

Die einzelnen Flügel stellen eine Schraubenfläche dar; jeder Flügel gehört einem besonderen Schraubengange an, von dem nur ein Teil benutzt wird. Bei einigen Bauarten ist die Steigung der Schraube nicht gleichbleibend, sondern ändert sich in Richtung des Durchmessers oder in Richtung des Umfanges.

Zur Verbesserung des Wirkungsgrades der Schraube werden z. T. vor oder hinter der Schraube Leitflächen angebracht, um den Zufluß des Wassers zur Schraube bzw. seinen Abfluß günstiger zu gestalten; auch werden zu diesem Zwecke Schrauben durch besondere Bauart des Hinterschiffes ummantelt oder in einer Düse (Kortdüse) untergebracht.

Die Propeller mit aufgeschraubten Flügeln haben den Vorteil, daß beim etwaigen Bruch eines Flügels nicht gleich die ganze Schraube von dem Schraubenschafte heruntergenommen, sondern nur der gebrochene Flügel durch einen Ersatzflügel ausgewechselt zu werden braucht. Das Herunternehmen der Schraube ist, namentlich wenn sie sehr fest auf dem Schraubenschafte sitzt, mit recht großen Schwierigkeiten verknüpft. In der Regel wird beim Herunternehmen wie folgt verfahren:

Zunächst wird die Schraube über dem Heck des Schiffes durch Flaschenzüge aufgefangen und hierauf die Mutter, die die Schraube auf dem Konus des Schraubenschaftes festhält, losgeschraubt; alsdann wird die Zwischenwelle, die mit dem Schraubenschafte verbunden ist, aus der Wellenleitung entfernt, damit die Schaftwelle, wenn die Schraube gelöst ist, zurückgezogen werden kann. Hierauf werden zwischen dem Flansch des Schraubenschaftes und dem Stevenrohre, um die Welle abzusteifen, starke eiserne Paßstücke zwischengesetzt und dann zwischen Schraubennabe und Hintersteven des Schiffes so lange Eisen- oder Stahlkeile eingetrieben, bis sich die Schraube gelöst hat. Erreicht man hierdurch keine Trennung der Schraube vom Schafte, so erwärmt man die Nabe durch ein Holzfeuer und versucht nun von neuem, die Schraube durch wiederholtes Eintreiben von Keilen zu lösen. Verbleibt auch jetzt die Schraube noch an ihrem Platze, so ist man gezwungen, die Nabe zu sprengen. Dies geschieht in der Weise, daß man zunächst $\frac{3}{4}-1\frac{1}{4}$ zöllige Löcher in die Nabe hineinbohrt und dann durch Eintreiben schlanker Stahlkeile das Sprengen der Schraube zu erreichen sucht.

Der Betrieb der Schiffsmaschinen

Sobald eine Schiffsmaschine eine Zeitlang außer Betrieb war, muß sie vor Wiederinbetriebnahme einer gründlichen Besichtigung und Prüfung unterzogen werden, die sich sowohl auf die einzelnen Teile, als auch darauf zu erstrecken hat, ob das Werkzeug aus der Maschine entfernt ist und sämtliche Teile sauber und rein sind. Insbesondere ist darauf zu achten, daß die Befestigungsschrauben sowohl der Maschine als auch ihrer einzelnen Teile ordnungsmäßig angezogen, daß die Stopfbüchsen verpackt und sämtliche Ventile und Hähne gangbar, die Ausblasehähne an den Zylindern und Schieberkasten geöffnet sind.

Nachdem die Kessel angeheizt sind, wird die bei größeren Maschinen angebrachte Drehvorrichtung der Maschine ausgerückt. Steigt der Dampf, so werden die See- und Ausgußventile der Pumpen und die Speiseventile an den Kesseln geöffnet, die Sternbüchse im Tunnel gelöst, alle Schmiergefäße mit Öl angefüllt, die Schmierdochte eingesetzt, sowie alle sich bewegenden Teile der Maschine geschmiert.

Sobald der Dampfdruck nahezu die Normalspannung erreicht hat, wird mit dem Anwärmen der Maschine begonnen. Zuvor hat man sich noch davon zu überzeugen, ob auch die Schraube oder die Schaufelräder „klar" sind. Die Absperrventile werden langsam geöffnet, das Absperrventil am Kessel ganz und dasjenige in der Maschine nur sehr wenig. Der Dampf tritt nun in den Schieberkasten und dann durch Hin- und Herbewegen der Kulissen abwechselnd oberhalb und unterhalb des Dampfkolbens. Während des Überlegens der Kulisse wird das Absperrventil in der Maschine geschlossen. Das sich beim Anwärmen ansammelnde Kondenswasser sowie die in den Zylindern und Rohren vorhandene Luft wird nach der Bilge ausgeblasen. Für langsames Anwärmen der Schieberkasten und Zylinder ist Sorge zu tragen, weil bei plötzlicher Einströmung großer Dampfmengen von hoher Temperatur die Teile sehr ungleich erwärmt und ausgedehnt werden und hierdurch sehr leicht Risse und Brüche entstehen. Sind die betreffenden Teile gut durchwärmt, was man am Zylinderdeckel und Boden fühlen kann, so schließt man die Ausblasehähne an Zylinder und Schieberkasten und läßt die Maschine einige Umdrehungen vor- und rückwärts machen. Hat man sich jetzt davon überzeugt, daß alle Teile gut und zuverlässig arbeiten, so werden die Dampfabsperrventile wieder geschlossen, die Entwässerungshähne an Schieberkasten und Zylinder geöffnet und die Maschine zum Gebrauch bereitgehalten. Ist bei Kondensationsmaschinen eine von der Hauptmaschine unabhängige Kühlwasserpumpe vorhanden, so wird diese beim Anwärmen der Maschine in Gang gesetzt. Wird während des Stillstandes der Maschine der Kondensator sehr heiß, so pumpt man, wenn keine besondere Kühlwasserpumpe vorhanden ist, mit der Dampfpumpe kaltes Wasser durch den Kondensator. Wird die Maschine in Betrieb genommen, so muß sie stets sehr langsam angesetzt und erst nach und nach auf ihre volle Geschwindigkeit gebracht werden. Bei Maschinen mit Einspritzkondensation werden die Einspritzschieber erst dann etwas geöffnet, wenn die Maschine angeschlagen hat, worauf dann die Regelung des Einspritzwassers, entsprechend der am Vakuummeter zu beobachtenden Luftleere, durch den Einspritzschieber vorgenommen wird.

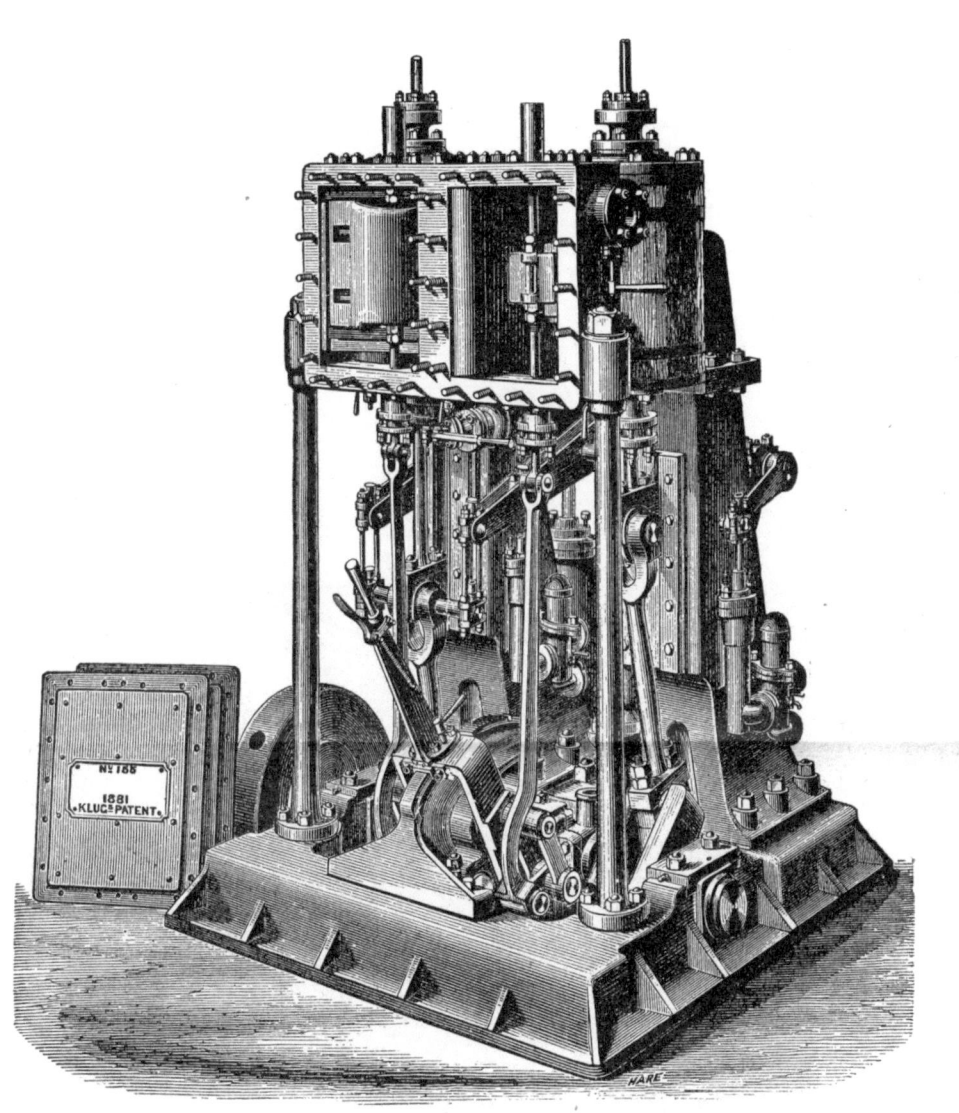

Abb. 63

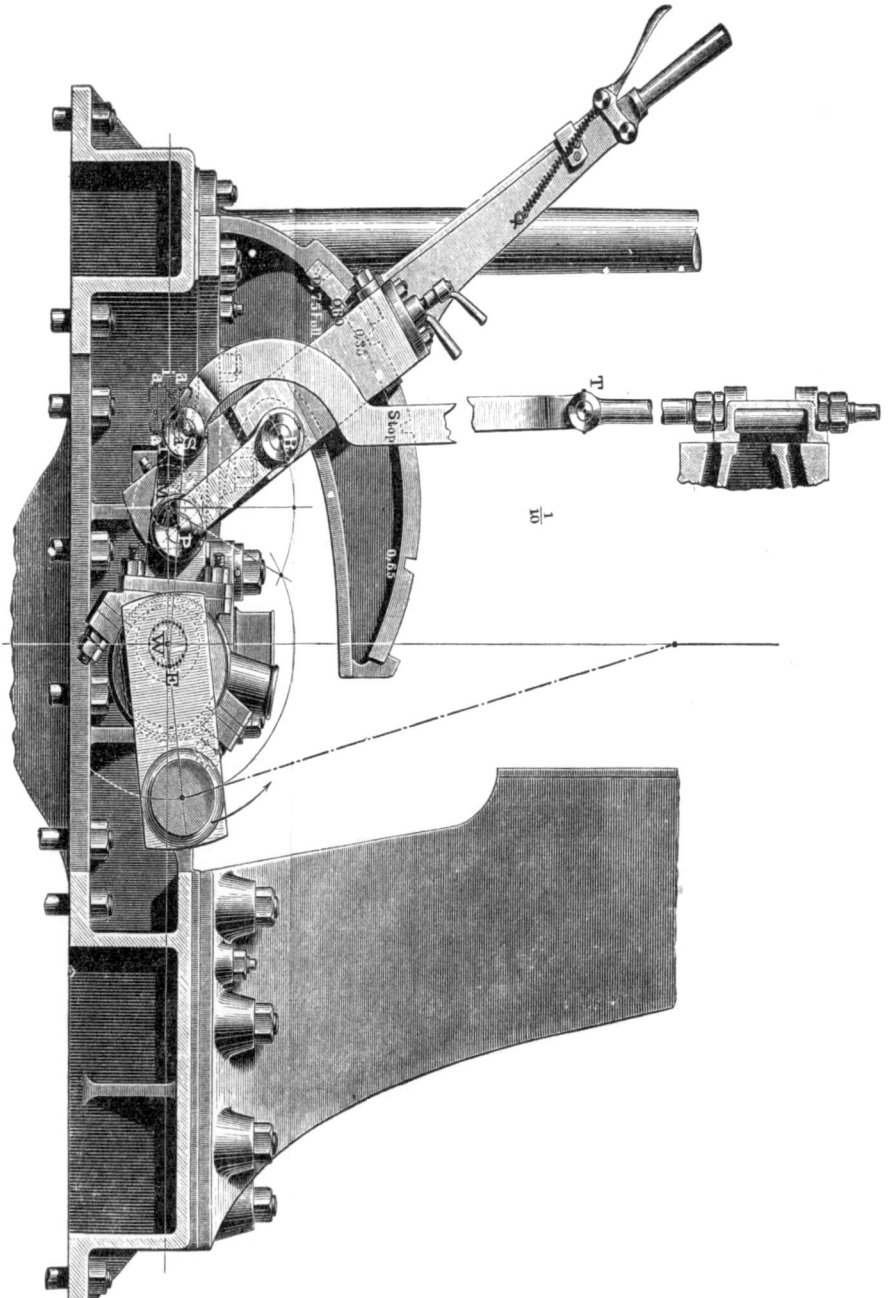

Abb. 64.

Vor der Inbetriebsetzung der Turbinen ist die Schnellschlußvorrichtung zur Erprobung von Hand auszulösen. Zunächst werden die für die Lagerschmierung bestimmte Ölpumpe und die Kondensation angestellt. Alsdann wird der Stopfbuchsensperrdampf so eingestellt, daß stets etwas Wasserdampf entweicht. Bis zur Ingangsetzung ist der Turbinenläufer mit der Drehvorrichtung langsam zu drehen.

Die Turbine ist langsam anzufahren, damit Wärmespannungen im Gehäuse und ein Verziehen desselben verhindert wird. Während des Betriebes sind die Lager sorgfältig zu beobachten. Die Luftleere soll bei den Dampfturbinen wesentlich höher sein als bei Kolbenmaschinen und kann wirtschaftlich bis zu etwa 73 cm (= 96%) gesteigert werden.

Befindet sich die Maschine in dauerndem Betriebe, so ist das Hauptaugenmerk darauf zu richten, daß
1. alle Maschinenteile ordnungsmäßig arbeiten und die Schraubenverbindungen der Maschinenteile sich nicht lockern,
2. die beweglichen Maschinenteile gut geschmiert werden und sich nicht warmlaufen,
3. genügend Luftleere im Kondensator herrscht,
4. die verschiedenen Pumpen gut arbeiten,
5. das Wasser in der Bilge nicht zu hoch steigt und die verschiedenen Abteilungen des Schiffes gut „lenz" gehalten werden.

Lockern sich während des Ganges der Maschine Schraubenverbindungen, so kann sehr leicht ein Bruch des betreffenden Maschinenteils eintreten. Meistens wird man schon durch das eintretende Klopfen darauf aufmerksam, daß irgendwelche Verbindungen nicht mehr in Ordnung sind. Durch sofortige genaue Untersuchung ist man dann noch in der Lage, manchem Schaden rechtzeitig vorzubeugen.

Nicht nur durch den fehlerhaften Zustand der Hauptteile der Maschine, sondern auch durch das Schadhaftwerden eines anscheinend unbedeutenden Maschinenteils kann der Betrieb gestört und in gefahrdrohender Weise unterbrochen werden.

Wenn die arbeitenden Maschinenteile nicht ordnungsmäßig oder gar mit schlechtem Öl geschmiert werden, wenn kleine harte Körper (Glas, Späne usw.) zwischen die arbeitenden Flächen kommen, so kann die Reibung so stark werden, daß eine starke Erhitzung oder sogar Störung dieser Flächen eintritt. Findet ein Warmlaufen statt, so muß man die betreffenden Maschinenteile durch öfteres Schmieren zu kühlen suchen, um dadurch die Reibung möglichst zu verhindern. Steigert sich trotzdem das Warmlaufen mehr und mehr, so löse man die Schrauben des warmgelaufenen Lagerteiles ein wenig; hilft dieses nicht, lasse man die Maschine langsamer arbeiten oder sogar stillstehen. Zur Kühlung warmgelaufener Maschinenteile durch kaltes Wasser soll man nur im Notfalle greifen, da plötzliches Abkühlen ein Rissigwerden derselben fördert.

Um ein Warmlaufen der Lager rechtzeitig zu verhindern, müssen die beweglichen Maschinenteile häufig befühlt werden. Die Lager dürfen nicht zu lose angezogen sein, da durch den Stoß das Öl fortgeschleudert wird und hierdurch ein Warmlaufen entstehen kann. Aber auch der falsche Stand des Drucklagers kann das Warmlaufen der Lager bewirken, indem z. B. die **hinteren** Teile der Lager dann warmlaufen, wenn die Schraube einen zu starken Druck auf die Maschine ausübt. Dies kann man durch Rückwärtskeilen des Drucklagers leicht abändern.

Fällt die Luftleere im Kondensator während des Betriebes, so kann dies folgende Ursachen haben:

1. Die Menge des Kühl- oder Einspritzwassers zum Niederschlagen des Dampfes kann ungenügend sein;
2. die Luftpumpe oder die Kühlwasserpumpe kann nicht in Ordnung sein;
3. der Kondensator kann verschmutzt sein;
4. die Stopfbüchse des Niederdruckkolbens kann undicht geworden, oder es können Undichtigkeiten am Kondensationsraum des Kondensators eingetreten sein.

Im ersten Falle muß die Menge des Einspritzwassers bzw. des Umlaufwassers vergrößert werden.

Im zweiten Falle sind die Ventile oder die Kolben der Pumpen aufzunehmen und auszubessern.

Im dritten Falle kann sich eine Fettschicht, vom Schmieren der Schieber und Kolben herrührend, auf die Kühlflächen des Kondensators gesetzt und die Abkühlung des Dampfes vermindert haben. Man muß dann den Kondensator während der Fahrt zu reinigen suchen, was dadurch geschieht, daß man in den Kondensationsraum eine Sodalösung hineinbringt. Zu diesem Zweck ist am Kondensator ein mit einem Schlauch versehener Hahn angebracht; das Ende dieses Schlauches wird in das die Sodalösung enthaltende Gefäß gebracht, der Hahn geöffnet und, da im Kondensator eine Luftverdünnung herrscht, die Lösung sehr rasch in diesen hineingedrückt. Es ist hierbei jedoch zu beachten, daß die Speisepumpen zur Zeit der Reinigung abgesetzt sind, da sonst das schmutzige Wasser in den Kessel gepumpt wird.

Versagt eine der Speisepumpen, so ist die Ersatzpumpe anzusetzen und dann die schadhafte Pumpe zu untersuchen.

Meistens hat das Versagen der Pumpe seine Ursache im schlechten Arbeiten der Ventile, die dann entweder schadhaft sind und sich festgesetzt haben. Im ersten Fall müssen die Ventile erneuert, im zweiten gereinigt werden.

Saugen die Pumpen unmittelbar außenbords, so kann sich auch die Mündung des Saugrohres durch Unreinlichkeiten zugesetzt haben. Um die Verstopfung zu beseitigen, schraube man das Saugrohr ab, öffne den Grundhahn und versuche mit einem Draht die Unreinigkeiten zu entfernen.

Bevor die Ventile der Pumpe aufgenommen werden, ist jedesmal vorher die Absperrvorrichtung des Saugrohres zu schließen und der Lufthahn zu öffnen.

Ein schadhaftes Rohr wird durch Umlegen von Laschen vorläufig gedichtet.

Befördert die Pumpe das Wasser durch einen Vorwärmer, so kann es vorkommen, daß sie, trotzdem sie gut arbeitet, doch kein Wasser in den Kessel schafft. Dies kann mit einem Schaden der Schlange im Vorwärmer zusammenhängen. Das Wasser wird, nachdem es den Vorwärmer gefüllt hat, mit dem Auspuffdampf in den Schornstein gelangen und sich dann bald bemerkbar machen. In diesem Falle ist man gezwungen, die eine Speisepumpe ganz außer Betrieb zu setzen und dafür die zweite Pumpe, die nicht durch den Vorwärmer pumpt, in Benutzung zu nehmen.

Werden harte Schläge in den Pumpen bemerkt, so ist der Lufthahn etwas zu öffnen, damit die Pumpe leichter arbeitet.

Das Versagen der Lenzpumpen kann folgende Ursachen haben: es kann

1. die Brause oder das Saugrohr verstopft sein,
2. Schmutz zwischen den Ventilen sitzen,
3. das Saugrohr schadhaft sein.

Im ersten Falle müsen die Brause und das Rohr, im zweiten Falle die Ventile gereinigt werden.

Beim Aufnehmen der Ventile schließe man zuerst die Absperrvorrichtung des Saugrohres und öffne dann den Lufthahn. Ist keine Absperrvorrichtung vorhanden, so öffne man den Lufthahn. Hierauf nehme man, sofern die Bauart der Pumpe es erlaubt, zuerst das Saug- und dann das Druckventil auf, da es vorkommen kann, daß plötzlich die Pumpe zu saugen anfängt und dann das Wasser umherspritzt. Hat man darauf die gereinigten Ventile wieder an ihren Platz gebracht, dann schließe man — sofern die Bauweise der Pumpe dies erlaubt — zunächst das Druckventil, dann das Saugventil und schließlich den Lufthahn. Um zu untersuchen, ob das Saugrohr schadhaft ist, fülle man es, nachdem die untere Öffnung verstopft wurde, mit Wasser. Das austretende Wasser zeigt sofort die lecke Stelle an. Auch kann man während des Betriebes die undichte Stelle im Rohr mit einer Lampe finden, indem man mit der Flamme um das Rohr herumfährt. Wird die Flamme an irgendeiner Stelle angezogen, so ist damit der Fehler festgestellt.

Auf solchen Schiffen, die Tag und Nacht ununterbrochen fahren, versehen die Maschinisten abwechselnd den Dienst. Es ist beim Wechseln der Wache vom ablösenden Maschinisten namentlich darauf zu achten, daß

1. die Maschinenteile kalt sind,
2. die Pumpen richtig arbeiten,
3. die Bilge ordnungsmäßig gelenzt ist,
4. der Wasserstand und die Dampfspannung im Kessel normal, der Salzgehalt des Kesselwassers nicht zu hoch ist,
5. die Feuer gereinigt und richtig bearbeitet sind,
6. der Kesselraum rein und die Asche entfernt ist.

Bei der Ablösung darf der abtretende Maschinist sich erst dann entfernen, wenn der antretende Maschinist alles in ordnungsmäßigem Zustand übernommen hat.

Soll eine Maschine außer Betrieb gesetzt werden, so sind die Dampfabsperrventile zu schließen, die Entwässerungshähne an den Schieberkasten und Zylindern zu öffnen, die Schmiervorrichtungen abzustellen, die Seeventile zu schließen und die Sternbüchse anzuziehen. Sind Stopfbüchsen nachzuziehen oder nachzupassen, so hat dies möglichst zu geschehen, während die Maschine noch warm ist. Nachdem die Maschine gereinigt ist, werden die verschiedenen Maschinenteile überholt und die schadhaften einer Ausbesserung unterzogen. Die Maschine ist täglich etwas zu drehen und auch die Steuerung zu bewegen.

Im Winter hat man, um ein Platzen der Rohre durch Frost zu verhindern, dafür Sorge zu tragen, daß die Rohre vom Wasser entleert und zu diesem Zwecke die Entwässerungsschrauben entfernt werden.